# 自我展示的力量

## 让世界看见你

王铁江 ◎ 著

Power

北京师范大学出版集团
BEIJING NORMAL UNIVERSITY PUBLISHING GROUP
安徽大学出版社

**图书在版编目(CIP)数据**

自我展示的力量:让世界看见你/王铁江著.—合肥:安徽大学出版社,2020.12

ISBN 978-7-5664-1746-6

Ⅰ.①自… Ⅱ.①王… Ⅲ.①素质教育—中等专业学校—教材 Ⅳ.①G711

中国版本图书馆 CIP 数据核字(2018)第 280439 号

**自我展示的力量:让世界看见你** 王铁江 著

Ziwo Zhanshi De Liliang Rang Shijie Kanjian Ni

**出版发行:** 北京师范大学出版集团
安 徽 大 学 出 版 社
(安徽省合肥市肥西路 3 号 邮编 230039)
www.bnupg.com.cn
www.ahupress.com.cn

**经　　销:** 全国新华书店
**印　　刷:** 合肥创新印务有限公司
**开　　本:** 170mm×240mm
**印　　张:** 12
**字　　数:** 152 千字
**版　　次:** 2020 年 12 月第 1 版
**印　　次:** 2020 年 12 月第 1 次印刷
**定　　价:** 39.00 元
ISBN 978-7-5664-1746-6

**策划编辑:** 唐洪全　李雪梅
**责任编辑:** 李雪梅　朱丽琴
**责任校对:** 邱　昱
**装帧设计:** 丁　健
**美术编辑:** 李　军
**责任印制:** 陈　如　孟献辉

# 目　录

# 前 言

在课堂上你会积极地举手回答老师的提问吗？

你会积极地参加学校、班级等组织的演讲比赛吗？

在一些活动中，你敢展示出自己的特长吗？

在人际交往中，你敢大方地介绍自己吗？

对于大部分中职生而言，答案是否定的。不敢或不愿自我展示是中职生的一种“通病”。

但是，每个学生都是颜色不一样的烟火。因此，如何让更多的人看到学生身上的闪光点，成为中职学校德育教育的一项重大课题。学生自我展示能力的培养恰恰是撬动这一课题的支点。

自我展示是人类表达自我的一种特有方式。自我展示能力包含三个方面：自我、展示、能力。“自我”是认知本位，心理学术语，也称为“自我意识”或“自我概念”。“展示”是方式方法，是外向的活动，是社会化、关系化的活动，是动态可变的。“能力”是能力本位，是完成一项目标或者任务所体现出来的综合素质。综合来说，自我展示既是心理学领域的范畴，也是教育学领域的范畴。

立足于这三个维度，可以看出，自我展示能力的源泉是内生的动力，即自信。莎士比亚说过：“自信是走向成功的第一步，缺乏自信是失败的重要原因。有了自信心才能充满信心去努力实现自己的目标。”因此，走进学生的内心，让学生克服自卑，重拾自信，是自我能力培育的第一要义。

苏霍姆林斯基也指出:“我们越是深入学生的内心世界,体验他们的思想感情,就越体会到这样一条真理:在影响学生内心世界时,不应该损伤他们心灵中最敏感的一个角落——人的自尊心。”这也是诸暨技师学院大力开展心理教育的动机所在。

自我展示能力的根基则在于“干货”,即学生有没有可以展示的“料”,这个“料”既包括专业硬实力,也包括其他软实力。课堂教学是“料”的重要生产基地。由此,诸暨技师学院在实践学生自我展示能力培育时把教学改革作为重要一翼,强调对传统课堂的改革,深化学生展示内涵,提供给学生展示平台。其中双创教育的推进是另一翼,突出的是学生“软能力”的培养。

当然,一次优秀的自我展示,还需要很多“辅助技巧”,包括展示形象、展示礼仪、展示技巧等。这些都是自我展示能力培养必不可少的“添加剂”。对此,诸暨技师学院开设了专门的课程,以便“授之以渔”。

《自我展示的力量:让世界看见你》一书介绍了诸暨技师学院探究学生自我展示能力的现实起源与理论思考,开辟了实现学生自我展示能力培养的校本化路径,同时呈现了一个个生动的学生事例,汇集了一批批优质的教学科研成果。此书立意鲜明,视角真实,能够为其他中职学校培养学生自我展示能力提供借鉴。

# 第一章　不起飞安能靠近蓝天

对中职教育而言，其不仅要培养学生的专业能力使学生顺利就业，更重要的是要挖掘学生未来发展的潜力。研究认为，和其他学生一样，中职生的职业能力以及在社会上的成长与发展机会和他们的内容性能力（专业知识能力）、功能性能力（可迁移能力）、适应性能力（自我管理能力）密切相关。而这三种能力的发挥又与他们的自我展示能力紧密相连。可以说，自我展示能力是整个职业能力体系的“脊梁”，支撑着整个职业能力体系构架的“点、线、面”，是学生德育的“核心”。但是，在现实生活中，中职生的自卑心理导致了他们“不愿”自我展示，中国传统文化中的某些消极因素束缚了学生自我展示的“翅膀”。

【成长加油站一】

**毛遂自荐的故事**

春秋时，秦军在长平一线，大胜赵军。秦军主将白起，领兵乘胜追击，包围了赵国都城邯郸。

大敌当前，赵国形势万分危急。平原君赵胜，奉赵王之命，去楚国求兵解围。平原君把门客召集起来，想挑选二十个文武全才的人一起去。他挑了又挑，选了又选，最后还缺一个人。这时，门客毛遂自我推荐，说：“算我一个吧！”平原君见毛遂再三要求，才勉强同意了。

到了楚国,楚王只接见平原君一个人。两人坐在殿上,从早晨谈到中午,还没有结果。毛遂大步跨上台阶,远远地大声叫起来:“出兵的事,非利即害,非害即利,简单而又明白,为何议而不决?”楚王非常恼火,问平原君:“此人是谁?”平原君答道:“此人名叫毛遂,乃是我的门客!”楚王喝道:“赶快退下! 我和你主人说话,你来干吗?”毛遂见楚王发怒,不但不退下,反而又走上几级台阶。他手按宝剑,说:“如今十步之内,大王性命在我手中!”楚王见毛遂这么勇敢,没有再呵斥他,就继续听毛遂讲话。毛遂就对出兵援赵有利于楚国的道理,作了非常精辟的分析。毛遂的一番话,说得楚王心悦诚服,答应马上出兵。几天后,楚、魏等国联合出兵援赵,打败了秦军。平原君回赵后,待毛遂为上宾。他很感叹地说:“毛先生一至楚,楚王就不敢小看赵国。”

“毛遂自荐”的故事已为大家所熟知。用现在的话说,“毛遂精神”就是瞅准时机,大胆出击,找上门去,“推销”自我。像毛遂这样的人之所以敢于这样做,是因为他们对自己充满了信心,对自己的事业充满了狂热的爱。因为他们深深知道,好运是等不来的,必须主动去创造,去争取。

**【成长加油站二】**

## 自我展示与杨二车娜姆的成功

以《走出女儿国》和《走回女儿国》两本自传为公众所熟知的杨二车娜姆的成功就得益于自我展示。

杨二车娜姆从12岁到北京参加比赛得了第一名开始,她就走出泸沽湖,开启创业之路。1983年,娜姆走了七天七夜到了西昌,找到州文化局长,成为一名正式演员。1985年,娜姆将阿妈给的手镯当了140元,跳上火车,赴考上海音乐学院。考试那天,娜姆饿得头晕眼花,但她决定不管怎样,进去唱完再说,于是她推门闯进考场,边走边唱。这突如其来的举动令考官们惊愕不已。最后,她终于如愿以偿。

直到 1989 年，毕业考试完，娜姆第 30 次到北京，找到了中央民族歌舞团团长蒋大为。蒋大为听了她的歌后，认为很不错，但有一个问题，团里没有进京的指标。娜姆听后，说："进京指标，我自己解决，因为我与班禅是亲戚。"其实她当时只是说大话而已，但随后，她竟然真的叩响了班禅家的门，一切又是如愿以偿。今天的杨二车娜姆，已经在美国开创了一番事业。

她的成功正是源于这种主动展现才华和坚韧不拔的精神。现代社会，人才竞争激烈，机会稍纵即逝。一个人仅仅拥有才华是远远不够的，他必须勇于展示自我，使自己的才华为人所知，得到社会的认可。中职生在求职中经常碰到这样的困惑：同样是学习成绩优秀的学生，一个在求职时屡屡碰壁，而另一个却能脱颖而出，获得令人羡慕的职位，这其中微妙的差别就在于他们能否将自己的才华展现给别人。所谓"世间千里马常有，而伯乐不常有"，要想在竞争如此激烈的社会中脱颖而出，不主动去吸引"伯乐"的注意是很难获得成功的。

## 第一节　"边缘群体"的自卑

一个人在社会生活中，常常会借助于一定的形式或方法，真诚、坦白地展示自己、表露自己，以使自己或他人逐渐获取对自我的认同与接受，这便是自我展示。自我展示是人类表达自我的一种特有方式，是一种积极正向的行为，强调的是个体的主观能动性。当下，对大多数中职生而言，他们的言行总是表现为唯唯诺诺，事事依赖，不善于表现自我，总是觉得自己不如他人，对自己的能力、品行等作出偏低的评价，流露出羞于和老师交流、怕见陌生人的心理状态，因而导致人际关系紧张，使自己与别人产生距离感，从而形成孤僻、自卑、自闭的个性。这些长期积累下来的负面心理严重影响着中职学生自我展示能力的发展。其中尤以自卑心理最为严重。可以说,中职学生的自卑情绪是导致其自我展示能力不足的“幕后黑手”。

## 一、九成中职生自认为被人看不起

哲学家斯宾塞曾经说过:“由于痛苦而将自己看得太低就是自卑。”自卑就是自我评价过低,自己瞧不起自己,看不到自己的价值,这种因担心得不到他人尊重而产生的自卑心理在中职生中普遍存在。

浙江省教育厅职成教育教研室近年在浙江省 5 所国家重点职业学校中进行了调研。此次调研发放学生调查问卷 1200 份,教师问卷 250 份,分别回收有效问卷 965 份和 198 份。在接受调查的中职生中,只有 6.6% 的学生觉得“没有人看不起中职生”,而大部分学生都认为,中职生是被人看不起的。其中,认为“社会上的人基本上看不起”的占 8.7%,“大部分人看不起”的占 26.7%,“有些人看不起”的占 58.6%。

在中职生群体中,超过 90% 的人认为自己是被人看不起的,因而极度缺乏自信。基于此,诸暨技师学院对在校生也进行了一次测评。样本显示,4% 的学生有轻度自卑心理,95.75% 的学生有中度自卑心理。0.25% 的学生有深度自卑心理。正是因为自卑,在诸暨技师学院内常常可以看到以下情景。

场景一:开学初不久的一节高一英语课上,任课老师大声领读单词,结果全班五十多位同学齐读发出的声音居然轻得像蜜蜂发出的嗡嗡声。

场景二:开学不久的一节高一语文课上,因为课文《成长》情节相当简单,在布置学生进行充分早读并课内速读后,让学生复述一下课文情节。接连叫了十多个同学,都摇头表示不会。“讲得不好没关系,关键是要敢于发出自己的声音”,在老师的鼓励之下,总算有一位同学主动站起来了,而且复述得也不错。为了激发大家主动参与的热情,老师提议为这位同学的大胆参与和精彩复述鼓掌，结果只有老师和两位同学发出鼓掌声，其他同学竟连鼓掌的勇气和热情都没有。

场景三：开学不久的班会课上，班主任让大家在提前一天作准备的基础上，站起来向大家介绍自己。结果一个个同学都像柱子一样杵在那里，怎么也不开“尊口”。终于有几个同学说话了，也是结结巴巴、语不成调，而且面红耳赤、抓耳挠腮。

场景四：在开学初高一新生的晨读课上，同学们或静坐，或伏案，语文或英语书摊在课桌上，整个教室鸦雀无声，整幢高一教学楼鸦雀无声。

课堂表现仅仅反映出中职生自卑心理的冰山一角。在大量的调研和走访中，诸暨技师学院发现中职生自卑心理的外在表现主要有五种。

### （一）消沉

学生自卑心理最主要的表现就是消沉，具体表现为整天没精打采的，认为自己什么都不行，什么都做不好，情绪低落，对身边的人或事漠不关心，不关心集体，不参加学校和班级的集体活动，在学校生活中避免与其他同学和老师交流沟通。

### （二）麻木

麻木最主要的表现就是对与自己不相关的人和事充耳不闻，对自己的成绩和老师的批评表现出一种无所谓的状态，有一些自闭，不愿与别人沟通，认为沟通有困难。

### （三）反抗

有些学生由于自卑心理会出现反抗的倾向，害怕老师提到自己。如有时老师让他们到讲台前讲话时，他们会紧张出冷汗、抽搐，并且认为老师是和自己过不去，出现顶撞老师等行为。在这种情况出现时，如果教师不够冷静,可能会认为这是学生有意作出的行为,但实际上,这是学生自卑心理的外在表现。

### (四)攻击性

有些学生看起来比较内向,但是经常参与比较严重的打架事件,认真分析后发现,这些学生不能容忍任何人提到或者评说自己,否则,他们会作出过激的行为,造成伤害事故和严重的影响。这些学生比较自卑,越是自卑越是害怕别人提到自己的缺点,因而表现出较强的攻击性。

### (五)自虐倾向

有一些学生因为自卑,感觉自己改变生活或环境的能力比较弱,只能够通过一些自虐的行为达到心理平衡,如会使用烟头烫自己的手臂,用拳头打破教室玻璃,弄得手鲜血淋淋。挖掘这种行为深层次的原因,是其自卑造成的心理失衡。

## 二、中职生自卑心理的成因

要使学生走出自卑的阴霾,重塑自信,首先就要对学生进行"摸底",了解学生自卑心理产生的因素。诸暨技师学院于2007年就开始实施"中职生自我展示能力培养的研究与实践"课题的研究,并在全校范围内进行自卑心理调研。这样做的目的,第一是唤起学生学习、生活的自信心,让他们在看到自己不足的同时,也能发现自己身上的闪光点,从而悦纳自我、肯定自我。第二是培养他们敢说能说、敢想能想、敢做能做的自我展示能力,从而让他们自信、乐观、豪迈地走向职场。

学校调研采用自卑感量表FIS进行。自卑感量表包括36个条目,7级评分,分数越高代表自卑感越强。FIS量表除了能从总体上评估被试者的自卑感水平外,还能从自我价值、社交自信、学习能力、外貌自信、体能自信等五个方面分析被试者自卑感的主要来源。调研结果显示，在校生自卑心理的成因主要有四大方面。

### （一）不能正确地面对现实、正确地认识自我

中职生的自我意识逐渐增强，自我评价比初中阶段充实、客观，有自我发展、自我实现的要求，同时其“理想我”与“现实我”的矛盾也更为激化。由于他们经历的特殊性（未能在升学考试中取得令自己和家人满意的成绩），他们的自我认识就很容易发生偏差，由此产生自卑心理。相当多的中职生认为进入中职学校读书“矮人三分”“低人一等”。因此，一旦遇到别人的贬低或生活学习中的挫折就会迷失自我，对自我评价过低，就会产生“我没有用”“我什么事都做不好”的自卑情绪，从而无法对自己形成客观、中肯的自我评价。

### （二）多年学习生活的受挫

首先，中职生在初中阶段是一个一直被忽略的群体，一般挨批评较多，受表扬较少，久而久之，导致他们对自身认识不足，加之中职生总被视作中考淘汰的出局者，是失败者，这方面的压力造成部分学生自卑心理加重，对自己的学习、生活不自觉地缺乏信心，因而丢失了奋发进取的动力。

其次，中职生在小学、中学的学习期间没有掌握良好的学习方法，没有养成良好的学习习惯，原有知识基础薄弱，而进入中职学校进行专业学习时，一些专业的理论与技能要求较高，使得学生对学习感到力不从心，困难重重，从而产生“我天生就不是块学习的料”“我什么都不懂”“我很差劲”等消极情绪。

最后，部分学生在选择学校时是“盲选”的，所读学校、所选专业基本上是“父母之命”，或者“老师建议”，自己对此不感兴趣，因此，学习就成了他们的“精神负担”“精神折磨”。他们往往带着一种无奈、怀疑、抵触的态

度走入学校，对所学专业也谈不上感兴趣，习惯了“做一天和尚撞一天钟”的生活，致使这部分学生在学习上得过且过，有自弃无聊心理，只想在学校学习几年，“混”一张毕业证。

### （三）家庭和社会中消极因素的负面影响

其一，家庭因素是影响学生自卑心理的一个关键因素。“家长是孩子的第一任教师”，然而很多中职生来自农村家庭，家长文化水平低、家庭教育资源匮乏、教育水平低下、教育方法不正确等都导致教育力量的内耗，家庭条件不怎么好，导致学生觉得自己和同学格格不入。仅仅因为衣着和生活用品的比较，就觉得自己什么都不如别人。久而久之，必然产生自卑心理。此外，中职生中很多学生来自单亲家庭，这给学生身心造成极大的创伤，容易伤害他们的自尊心、自信心，使他们自暴自弃、自甘堕落。

其二，社会因素尤其是来自社会的一些不理解、嘲讽和轻视，加重了中职生的心理负担，促使他们产生自卑感，使他们对前途更感迷茫、沮丧和失望。

### （四）心理与身体上的缺陷

著名心理学家阿德勒认为，每个人都有先天的生理或心理缺陷，这就决定了人们的潜意识中都存在自卑感，人类的一切行为都是出自自卑感及对自卑感的克服。比如，大部分中职生性格外向、活泼、张扬，少部分中职生性格内向、腼腆、不善表达，在公共场所的语言表达能力、社会交往能力较差，难以适应新环境，进而羡慕那些性格外向的学生，产生怨恨自己的自卑感。同时，个人的长相、身高、肤色、体型等外貌上的缺陷都会使中职生产生自卑心理。

总之，自我评价失当，自卑心理严重，成就动机不足，混世心理普遍。自卑是影响和困扰中职学生自我成长、自我发展的最大心理障碍。

此外，根据学生的不同情况，课题组进行了多个维度的比较分析，包括性别、城乡差异等方面，以进一步探究学生自卑心理产生的原因。

从性别维度看，女生自卑感比男生强烈。具体而言，不同性别的中职生没有感受到平等的社会支持，男生关注并期望获得成功的领域要比女生广泛，而且男生比女生更容易获得社会群体或他人对自己的较高评价和认同。在这种社会期望影响下，男生存在向上的进取动机，自我效能感增强，敢于肯定自我的价值，形成高自尊，女生则恰好相反。另外，女性受自身生理特点的制约，尤其是青春期女生更关注自我感受和内心体验，所以女生的自卑心理较男生更为强烈。

从城乡维度看，农村学生的自卑心理较城市学生的自卑心理强。这可能与农村学生家庭经济状况、家庭文化背景有关。一方面，来自农村家庭的学生家境比较差，经济背景无法和城市的同学相比，心理上就会产生"不如人"的感觉；另一方面，农村学生的家庭文化背景较差，一旦产生自卑心理，也无法得到家庭成员的疏导。

## 第二节　"抑我"的文化基因

大多数学生受传统文化所强调的谦虚、腼腆、内秀等因素影响，不敢或羞于在别人面前展示自我，使得他们中的大多数学生习惯在公共场合保持"沉默"，习惯于自我抑制。传统文化中的某些消极因素所带来的负面影响，是中职生自我展示能力匮乏的另一关键原因。

### 一、中国传统文化的内向性品格

中国传统文化的内向性品格主要表现在以下几个方面。

### (一)含蓄性

中国人在为人做事方面,一向是主张含蓄的,反对张扬和外露,认为张扬和外露是浅薄和无修养的表现,是“一瓶子不满,半瓶子咣当”的产物。如果真有学问,就会大智若愚。所谓“人平不语,水平不流”正是这种有学问和有修养的表现。

### (二)自省性

中国人在为人做事方面,也是一向主张自省的。孔子的弟子曾参就说过“吾日三省吾身”的话,意思是说,我每日都要把自己的言行反省三遍,看看有什么对和错的地方。后来的孟子又提出了包含“自省”内容的“修身”学说。现代人所谓“天地良心”“自我批评”“自律”等要求则是这种自省性文化的延伸。自省是中国人道德养成的基本途径。

### (三)内敛性

这里所谓“内敛”就是指向内收敛的意思。中国人为人做事主张低调,少说多做,内化于心,注意节度,负责到底,保持慎独,而反对浮夸和宣扬。中国古代的很多儒家代表人物都是内敛性格的典型。

### (四)吸收性

中国人自古有喜爱学习和吸收别人长处的传统,所谓“虚怀若谷”就是这种强烈吸收性的表现。孔子曰:“三人行,必有我师焉!”也是一种谦恭的学习态度。清代魏源提出的“师夷长技以制夷”也反映出这种文化吸收性的思想,而近现代向西方大量派遣留学生更是这种吸收性的现实表现,历史上开放政策的基点也是引进和吸收,以便壮大自己。

### （五）自足性

中国传统文化特别强调自足，所谓“知足常乐”就是这种文化品格的典型，而“与世无争”则是这种文化品格的外部表现。明代王阳明讲：“知是心之本体，心自然会知。见父自然知孝，见兄自然知弟（悌），见孺子入井，自然知恻隐，此便是良知，不假外求。”这里说的是知识的自足性。

### （六）隐忍性

中华文化特别强调隐蔽和忍耐。孔子说“小不忍则乱大谋”就是要人们保持忍耐以图大计，越王勾践的故事更是隐忍文化的典型，“打掉门牙往肚里吞”则是隐忍文化在民间的表现。

此外，在处理人际关系上也显现出这种内向型文化特征，如孔子所说的“己所不欲勿施于人”以及“正人先正己”等即是如此。

## 二、中国传统文化中的“自我”

正是因为中国传统文化的内向性品格，中国人在自我表现上不习惯积极主动，更多的采取一种保守的方式，总是积极地去压抑自我的表现。要引导中职生克服这种“抑我”的特性，就需要进一步解构中国传统文化中的“自我”。

对中国传统文化中“自我”的追溯需要从古代中国人对生命来源的看法开始。荀子说：“天地者，生之本也；先祖者，类之本也。”意思就是生命是天地给予的。这个看法在古代很普遍，汉代的人大致抱着这个信仰，因此自汉代起，中国人特别重视“孝”。因为生命虽推源至天地，但每个人的生命又直接出自父母和先祖。于是就有了家族化的“自我”，即个体源自家族群体。

自魏晋以后，“自我”在中国传统文化中有了不一样的表达。魏晋时代，中国历史上第一次有个人的觉醒，这在思想上和文学上都有清楚的表现。思想是所谓老庄的玄学。“竹林七贤”中的阮籍，更是直接向礼法发起挑战。他听说母亲死了，仍继续下围棋，棋下完后吐血数升。他又冲破了当时叔嫂不通问的礼数，曾亲自向其嫂话别。在魏晋时代，个人的自我关怀远远超过了大群体意识。

到了隋唐，“自我”又进一步发展。隋唐时代，中国再度建立了统一的多民族国家，但这时的社会已远比汉代复杂，国际性、开放性也超过汉代很多。这个时代，对“自我”和“个体”的了解从唐诗中就可一窥。代表人物譬如杜甫和李白，杜甫较为关怀大群体，李白则以表现个人或“自我”为多。

宋明理学的兴起则又一次带来了“自我”的变化。宋以后，中国政治社会发生极大的变化，已无封建世袭和世家门第的观念。例如，范仲淹主张“士大夫”要以天下为己任，“治人”必须先“修己”。此外，宋以后，儒释道三家互为影响，倡“中庸”，对于“自我”的表述日趋减少。

虽然中国传统文化中“自我”的概念几经发展，但可以看出，这里的“自我”是集体主义下的自我，即便是现在，这种集体主义的自我观仍留有痕迹。中国传统文化虽然也重视自我肯定，但是这种肯定只不过是把自我作为一个更大集体的一部分来看待的。也就是说，虽然主张“为己”“由己”，但一旦牵涉整体或者与整体不协调，那么就会转变成“无我”“毋我”。

## 三、中国传统文化的“抑我”功能

由于文化是社会性的，必须承担起政治功能，因此，在“王朝文化”的影响下，中国传统文化发挥着巨大的“自我抑制”功能。这从儒释道三家的思想中就可窥知一二。

### (一)儒家思想中的“四毋”

儒家思想中的“四毋”主张源自孔子。《论语》中记载:“子绝四:毋意、毋必、毋固、毋我。”这里的“毋我”强调的是“小我”要为“大我”服务。儒家在人伦关系和社会生活中确立自我的认同,先有群、社、族,然后才有自我。正如《汉哲学思维的文化探源》一书中的解读,认为这个自我乃是“作为区域和焦点的自我”,对于儒家而言,“由特殊的家庭关系,或社会政治秩序所规定的各种各样特定的环境构成了区域,区域聚焦于个人,个人反过来又是由他的影响所及的区域塑造的”。也就是说,这个自我实际上是一种“无我之我”。

基于此,到了宋明以后,这一主张越来越为人们所认可。朱熹反对“为我”,倡导“大无我之公”。王阳明也一再地肯定毋我:“圣人之学,以无我为本,而庸以成之。”由此可以看出,儒家思想虽然提出了“我”,但强化的是对“自我”的漠视,对个性表达的压制。“我”不是“我”,而是“我们”,是扩大了的“我”。

### (二)道家思想中的“无己”

道家对于“我”,也持有而无之的立场。庄子在《逍遥游》中就提出了“无己”的说法:“若夫乘天地之正,而御六气之辩,以游无穷者,彼且恶夫待哉。故曰:至人无己,神人无功,圣人无名。”与儒家不同的是,道家的“无我”强调与自然的联系,遵循自然的原则。这一主张不是在本体论上对于我的否定,而是更趋向于自然的一种表述,力倡礼乐文化的回归。唯有超越礼乐文化所束缚的“己”,唯有全面融于自然的“己”,才能达到天人合一的境界。因此,在这一方面,道家对于“自我”的态度较儒家更为豁达和开放,虽然强调“无己”,但同样认可“己”的自由化表达。但是,深入解读,就发现这种“无己”更关注“和”,人与自然的“和”、人与社会的“和”,也就是将“我”投入一种关系化的状态中,“自我”受整个关系的捆绑。

(三)佛家思想中的“无我”

在佛家思想中,有着“无我”的说法。佛教的基本教义是三法印说:诸法无我,诸行无常,寂静涅槃。“我”作为“法”之一,也是无自性的。从认识论和本体论出发,佛家思想中的“无我”也相对有两种意义。其一就是在认知上不执着于我意,即我是“空”;其二就是“我乃五蕴和合而生”,从本体论上对自我的存在进行消解。佛家思想的“无我”在中国社会上有着很大的影响,尤其是受封建王朝统治的影响,压制了追求个性解放的人本主义思想的抬头。

在中国传统文化的熏陶下,人们面对任何事情总是抱有一种非常谦虚的态度,不愿意轻易将自己展示给别人,这些都是受到封建思想的影响。统治阶级为了巩固统治,对人们的自我发展采用压制的方式,使得人们无法全面地发展自我和实现自我,人们更多的是强调“抑我”。今天,中国人骨子里仍然烙印着“抑我”的文化因子。由此可见,中职生也难免缺乏自我展现的能力。

# 第二章　悦纳自己才能悦纳世界

学生自我展示能力的培养有两个关键词：一是自我，二是能力。自我是学生自我展示的前提，能力则是学生自我展示的必要条件。以心理学自我概念研究为先导，以教育学软能力培养为驱动，诸暨技师学院深入开展对学生自我展示能力培育的理论研究，并最终形成学生自我展示能力的培育理念——“软硬兼施”。

【成长加油站一】

### 林肯与政客

林肯是美国历史上最著名的总统之一。由于他长相奇特，故常常被政客所讥笑。有一天，他的一位政客遇到他，开口骂道：“你长得太丑陋了，简直让人不堪入目。”林肯微笑着对他说：“先生，你应该感到荣幸，你将因为骂一位伟大的人物而被人们所认识。”

【成长加油站二】

### 神奇的发卡

有一个女孩子，总觉得自己不讨别人喜欢，因此有一点自卑。一天，她偶尔在商店里看到一个漂亮的发卡，当她戴起它的时候，店里的顾客都说漂亮，于是她非常高兴地买下发卡，并戴着它去学校。接着奇妙的事发生了，许多平日不太跟她打招呼的同学，纷纷来接近她，一些同学还约她一起去玩。原本死板的她，似乎一下子变得开朗、活泼了许多。但放学回家后，她才发现自己头上根本没有带什么神奇的发卡，原来她付钱后把发卡忘在了商店里。

## 第一节　何为自我

生命有使命、目的，“自我”就是这种使命、目的的监督者和执行者。具体而言，如果一个人的自我是强大的，那么他适应社会、面对困难、解决问题都是有办法的。与此同时，一个人的成长最终是自我的成长，只有领会到“自我”的意义才能解放自己。上述两个故事强调的就是悦纳自己。悦纳自己的基础是正确地认识自我。因此，中职生自我展示能力培育的前提就在于让学生明白“何为自我”。

### 一、自我的内涵

“自我”是心理学范畴的概念。真正心理学意义上的“自我”概念研究是从詹姆斯开始的，他把“自我”从意识活动中区分开来，将“自我”概念引入了心理学。自詹姆斯 1890 年把“自我”概念引入心理学至今，心理学对“自我”概念的研究曾几度兴衰。

在行为主义出现之前，心理学者对“自我”概念的研究兴趣浓厚，但随着行为主义的兴起，对“自我”概念的研究逐渐被忽视。随着人本主义的出现，以罗杰斯为代表的人本主义心理学家对“自我”概念又进行了深入的研究。20 世纪 80 年代后，认知学派对“自我”概念的研究也很重视。“自我”概念得到人们广泛的关注，对其研究、应用更加普及。但是不同心理学派对“自我”的界定仍然存在差异。

结合诸多心理学家对于自我的描摹,我们认为,“自我”是个体对自己存在的察觉,即认识自我的一切,包括认识自己的生理状况、心理特点以及自己与周围事物的关系。用更通俗的话来表述,即“自我”是一种维系生物生命力的生理机制和维持生物心理平衡的心理机制,这种机制使得生物的反应“由自己发出动作,又作用于自身”。

弗洛伊德在1923年出版的《自我与本我》中系统总结了他的“前意识—潜意识—意识与本我—自我—超我”理论,他认为,“本我”是潜意识的结构部分,是所有本能的大本营,它与生俱来,为最原始的部分,遵循快乐原则;“自我”是理性的,是意识的结构部分,处于本我与外界之间,根据外部世界的需要来活动,遵循现实原则;“超我”则是道德化了的自我,是内在的道德检察官,为人格发展的最重要部分,它包括良心和自我理想。这三个系统错综复杂,交互作用,从而产生各种行为和思想。“本我”要求自我满足其欲望,“超我”则要求自我将欲望压抑下去,“自我”则调和两方面,依照现实环境,采取适当措施。

阿德勒认为,自我是个体的一种追求和潜能,是每个人试图超越自己和他人的意识;荣格认为,自我是个体意识的中心,代表了一种统一的力量,这种力量将个体的人格结构加以整合并使之稳定;埃里克森眼中的自我,是个体发展的内在指导和内部机构,健康的自我应该拥有信任、希望、意志、独立自主、决心、勤勉、同一性、忠诚、创造、关心、爱和智慧的特征。

上述有关“自我”的每种解释都是在不断超越前人的基础上得来的,我们基于弗洛伊德的理论,认为每个学生的“自我”其实又包含两层:一个是主观的“我”,对自己活动的觉察者;一个是客观的“我”,即被觉察到的自己的身心活动。也就是说,在我们的经验中,觉察到自己的一切区别于周围其他的物与其他的人,这就是自我,就是自我意识。

## 二、自我的结构

“自我”是一个多向度的结构,不同的心理学家对“自我”的结构划分同样各有差异。具体以五个向度为代表。

### (一)物质自我、社会自我、精神自我

美国心理学家、美国实用主义哲学家詹姆斯是“自我”概念的创始人,他将自我的结构划分为物质自我、社会自我和精神自我。社会自我高于物质自我,精神自我又高于社会自我。詹姆斯认为,物质自我的核心部分是身体,因为人一生中总是通过身体与周围的事物发生关系,并依据身体提出各种需求。社会自我指一个人“从同伴那得到的承认”,即他在别人心目中的形象,最特殊的社会自我是他的恋人的态度。精神自我就它属于“经验的自我”而言,意味着一个人内心的或主观的存在。具体地说,指他的心理能力或性情。

### (二)公我、私我

1975年,芬格斯坦、西契尔、巴斯三人提出了“公我”“私我”的概念。他们认为,某些自我的方面是他人不可获得的隐秘,即“私我”;而另一些自我的方面则是公开的、社会的,是与他人密切相关的,即“公我”。对这两者的不同注意而产生的意识被称为“私我意识”和“公我意识”。

### (三)现实自我、理想自我

现实自我和理想自我是罗杰斯根据临床实验提出来的。理想自我代表个体最希望拥有的自我概念、理想概念,即他人为我们设定的或我们为自己设定的特征。它包括潜在的与自我有关的、且被个人高度评价的感知和意义。而现实自我包括对已存在的事物的感知、对自己意识流的意

识。通过对自我体验的无偏见的反映及对自我的客观观察和评价，个人可以认识现实自我。罗杰斯认为，对于一个人的个性和行为具有重要意义的是他的“自我”概念，而不只是现实自我。

### （四）可能自我、现在自我

马库斯和努里乌斯对自我图式中与个体潜能和未来相关的、具有未来定向的“自我”概念作了界定，认为在自我知识中除了自我图式等“静”的结构之外，还应该存在着关于个体如何考虑自己的可能和未来的知识的“动”的内容，这就是可能自我。所谓“可能自我”即个体觉得自己某一方面有潜力的自我构想（潜能）。可能自我还具有时间的纵向结构，即包含对过去自我、现在自我和未来自我的表征。其中现在自我即个体正在表现的自我。

### （五）实际自我、理想自我、应该自我

希金斯在“自我不一致”理论中提出了三种不同的认知自我特征，包括实际自我、理想自我和应该自我。第一，每个人都有一个实际自我。实际的自我包含所有关于自己是何种人（或你认为自己是何种人）的信息。这与其他人格心理学家提出的自我概念相似。第二，每个人还有一个理想自我，即你对自己想要成为的人的心理表象。理想的自我包括你的梦想、抱负和你为自己设立的人生目标。第三，还有一个应该自我。它是指个体认为自己应该拥有的特征，即对个体具有重要影响的他人为个体设定的或个体为自己设定的特征。

## 三、自我的“发生”

个体的自我意识是在个体生理和心理能力一定程度的成熟的基础上发生、发展的，也是在其与社会环境长期的相互作用过程中形成和发展

的,许多社会因素对自我意识的形成和发展起着重要作用。

### (一)生理与心理能力的发展

**1. 物我知觉分化(分三个阶段)**

物我感觉分化;一岁以后分化知觉;出现最初的随意性动作。

**2. 人我知觉分化(分两个阶段)**

对人微笑;从形象上区分他人和自己(两岁零两个月),准确认识自我形象,标志出现了最初的(相对他人的)自我意识——自我知觉。

**3. 有关自我的词的掌握**

"我"的掌握在儿童自我意识的形成上是一个质的变化,从把自己当作客体的人转变为把自己当作主体的人来认识,最终形成了自我意识。实现了"人与动物的区别"。一般这个阶段在三岁左右。

### (二)社会互动

生理的成熟和发展只是形成自我意识的前提,并不能必然保证自我意识的形成和发展。社会心理学的研究表明,个体自我概念发展的核心机制,是其在认知能力不断提高的同时存在着与他人的相互作用。

1902年,库里就指出,自我观念是在与他人交往过程中,个体根据他人对本人的反映和评价而发展的,由此产生的自我观念称为"镜中我"。

米德1934年进一步发展了库里的思想。他指出,个体所属的社会群体是观察自己的一面镜子。自我意识是在社会互动中通过扮演他人的角色,把自己置于互动对方的位置上逐步形成的。

基于此,米德把自我意识的发展分为三个阶段:准备阶段、游戏阶段和博弈阶段。按照这一观点,可以确定诸暨技师学院的学生正处于博弈阶段。在此阶段,学生关心自己在非家庭群体包括整个社会中扮演的角色，开始形成社会要求和期待的概念，即米德所谓的“概念化他人”。此时“客我”基本形成。

苏联教育家苏霍姆林斯基曾指出：“人的心灵深处都有一种根深蒂固的需要，总想成为研究者、发明者和探索者。”在中学阶段，学生的这种需要特别强烈，这是由他们的年龄特征所决定的。而这就是博弈阶段的“自我”。

综上所述，自我是神圣的。从自我到自我展示则是一个过程。教育要发展人，首先应发展人的主体性，教育要促进人的发展，也只能顺应人自身的发展规律，发掘其潜力，发展其个性，发挥其特长。也就是说，只有调动其自身的力量，才能使其得到全面充分的发展。只有把持住了“自我”，才能发挥潜在的力量，激发起创造性和追求。这不仅能带来物质上的成功，而且可以充实人的精神生活。因此，学生自我展示能力的提升首先要借助心理学的理念与方法，帮助学生形成自我意识，悦纳自我，自觉展示自我，最终成就自我。

## 第二节　软能力决定成败

在当今社会，软能力已经成为个体成功与否的关键要素。从社会心理学教育看，诸暨技师学院认为，学生自我展示能力就是学生的一种极为重要的软能力。因此，对学生自我展示能力的研究与培养，需要建立在对学生“能力”培养的理论基础之上。

### 一、溯源“软能力”

最早提出“软能力”概念的是美国政治学家约瑟夫，该理论主要用于国际政治研究，而后这一概念逐渐被引入企业竞争视角，成为人力资源管理的社会理念。也就是美国所谓的“软技能”(Soft Skills)。

受此启发，诸暨技师学院将“软技能”的概念延展为“软能力”应用到学生德育管理以及学生核心能力养成的研究中去，并赋予其新的定义和内涵。既然有了“软能力”，对应的必然有“硬能力”。所谓“硬能力”是指从事某一职业岗位所必须具备的专业知识与岗位技能，是对从业人员基本素质的要求，属于在外能力素质的范畴。可以说，硬能力是职场上对专业技术的要求，更多的是智商的体现。

而“软能力”则是除了这些专业知识和岗位技能外的职业通用能力，是指从事某一职业，处于某种职业环境或面临职业角色变化时所具备的整体素质。与硬性的专业技能相比，“软能力”具有更丰富的内涵，从“对事”“对人”和“对己”三个方面来说：“对事”方面必须具备职业道德和创新精神；“对人”方面必须善于沟通和合作；“对己”方面必须提高自身的学习能力和适应能力。由此可见，“软能力”既可以是后天形成的能力，具有内隐性、不易量化和程序化的特点，并与人的性格特征与心理调适能力具有密切的关系，也可以是通过天赋展现的能力，如语言能力、理解能力等。

一般而言，中职学校学生的“软能力”主要包括四种能力。

### (一)不断学习与良好的心理调适能力

中职生应该具有终身学习、全过程学习、团队学习和智能学习的能力，不断学习是提升学生“软能力”的关键，也是学生自身“软能力”的一种表现。通过持续不断的学习，学生可以具备更多的“软能力”，同时，持续不断的学习能力本身就是学生可持续发展的“软能力”。心理调适能力也是中职生“软能力”的重要体现，具体包括受挫能力、化解内心矛盾与冲突的能力、进行内心调整和优化的能力。

### （二）就业的“软能力”

就业的“软能力”从经济学角度来看就是配置能力。这是一种在非均衡状态下的能力，在经济社会当中，人们遵循边际成本等于边际收益的原则进行生产的安排，从而使社会处于一种稳定的发展状态。对于中职生而言，配置能力就是学生在这个千变万化、科学技术日新月异的社会里，所需要具备的应变能力、资源整合能力。

### （三）职业的“软能力”

这是中职生步入社会后在职业选择与职业目标实现过程中所展现出的能力。主要包含团队合作能力、良好的人际沟通与社交能力、自主管理和激励的能力、接受管理与管理别人的能力等。

### （四）社会适应的“软能力”

社会适应能力包括获取信息能力、认知记忆能力、适应变化能力。中职生必须学会独立自主学习的基本方法、必要技能，具备观察问题、分析问题和解决问题的能力，同时还应当拥有一定的逻辑推理、创新能力，从而能够自觉自发地满足社会发展的需要。

## 二、软硬兼备托起“青年梦”

在求职者的“硬能力”越来越出色的今天，“软能力”在职场中正变得越来越重要。兼备软能力，能让学生与其他求职者拉开差距。

麦可思数据（北京）有限公司曾经对大学毕业生作了一项工作能力分析研究。麦可思公司把大学毕业生的能力分为35项基本工作能力，在调查就业的应届毕业生时，请他们评估各项能力在自己工作中的重要性、工作要求的水平和自己离校时掌握的水平。调查结果显示，重要性最高的

5项基本能力包括积极学习、有效的口头沟通、理解他人、学习方法和积极倾听。结果表明，大学毕业生的这5项能力普遍达不到工作要求的水平。

大学生如此，中职生更如此。我的职场在哪里？我未来的成功取决于什么？这是我们每个学生、每位求职者和关心孩子未来的家长不得不问的问题。强调专业以外的软能力，这是职场大趋势。在这个日新月异的时代，硬能力固然很重要，然而其重要性只有在软能力的充分发挥下才能淋漓尽致地显现出来。否则，我们在职场上永远是被动的。

综上所述，我们认为中职生“软能力”的培养具有三个方面的意义。

### （一）“软能力”培养是以人为本教育观的体现

以人为本的教育理念主张把人作为教育教学的出发点，顺应人的禀赋，提升人的潜能，关注人的全面发展，强调人的全方位协调发展，物质文明和精神文明的全面发展，世界观、人生观、价值观的全面发展，身体健康和心理健康的全面发展，人格、智力、能力和体力的全面发展等。要达到这样的教育目标，在重视专业知识、动手技能等“硬能力、硬指标”的培养的同时，还要高度重视学生人格塑造、诚信品质、适应能力、团队合作、人际交往、沟通协调和良好思维习惯等“软能力、软素质”的培养和开发；强化学生的信仰力量，强化学生的创造力，强化学生的可持续发展能力；使学生学会求知、学会做事、学会共处、学会做人。将培养“软能力”作为人全面发展的新基础，从而满足学生可持续发展和终身发展的需求。

### （二）“软能力”培养是社会经济发展的需要

当前，我国正处于社会经济发展方式转变的关键时期，社会经济发展方式转型促进职业结构的升级换代。职业结构的变化在压缩劳动密集型企业的生存空间和用工需求的同时，提供了新的技术含量高的就业机会。

这种变化对从业人员提出了更高的素质要求：不仅要具备现有岗位任务的胜任力，还要具有岗位迁移的适应力。新技术和新职业岗位的不可预测性，对技工教育的人才培养模式提出了挑战。技工教育要根据市场需求和学生的特点，不仅要解决“有一技之长”即可上岗的针对性问题，更要重视学生基础性、迁移性能力的培养，将一个职业岗位的就业转变为整个职业生涯的成功，使学生拥有应对竞争激烈的就业市场的可持续发展的能力。

### （三）“软能力”培养是教育质量提升的要求

随着社会经济的发展，人才观念发生了根本性的转变，敬业精神、团队合作和解决问题的实际能力等“软能力”成为衡量人才的重要标尺，“软能力”不仅关乎学生进入职场、立足职场，而且影响学生在职场的发展。然而，多年来，中职学校大多重视学生专业知识的传授和专业技能的培养，在“软能力”培养上存在极大的缺位。正如麦可思公司的调研，中职生也普遍存在职业道德欠缺、沟通合作欠缺、解决问题能力不强、自律和耐挫性能力不足等问题。因此，如何培养学生的“软能力”，是当下中职学校提升育人质量的突破口。

诸暨技师学院期望以学生自我展示能力为切入口，帮助学生克服自卑，重塑自信，悦纳自我，肯定自我，形成阳光健康心理，敢于并乐于在人前展示（具备软能力）；与此同时，在专业能力和创新能力方面，要求学生学技精技，练就一身真功夫，善于在人前展示（兼具硬能力），最终通过“软硬兼施”，让学生真正走向成功。

## 三、自我展示能力体系中的“软能力”

美国人类学家曼斯特认为：“自我表现是人的一种社会需求，它表达了人的力量和意志。”正是由于人有自我表现的基因，培养学生的自我表现能力才有了可能。

自我展示是人们自觉的印象控制过程,是人与人之间相互作用的一个基本方面。能力是指人们顺利完成某种活动所必须具备的个性心理特征和主观条件。能力和活动紧密相连,一方面人的能力在活动中形成和发展,并且在活动中表现出来;另一方面,从事某种活动又必须以一定的知识能力储备为前提。

基于此,诸暨技师学院将中职生自我展示能力界定为:通过运用专业技能、人际交往、个体演示等任意一种方式或多种方式组合,在一定场合向他人展示自己的特长或优势的比较稳定的个性心理特征。自我展示能力与表达能力、沟通能力、合作能力、组织能力、创新能力、专业能力、自信心、主观能动性密切相关。

回归到学生自我展示能力体系中,诸暨技师学院认为,“硬能力”主要包括学生的专业技能、学习推动力和持续创新力;“软能力”则主要包括学生的自我认知力和自我提升力,也体现为学生的表达力、沟通力,也可以理解为学生的自信力、表现力、感染力,具体包括以下五大能力。

### (一)自我激励能力

自我激励是指个体具有不需要外界的奖励或者惩罚作为激励手段,能为设定的目标自我努力工作的一种心理特征。中职生因为长期处于“不被认可”的状态中,存在自卑心理,因此自我激励能力极度匮乏。而自我激励能力的提升,能够引导中职生提升信心、敢于展示。

### (二)沟通协作能力

个人的沟通协作能力包括沟通和协作两种能力,沟通能力表现为与谁交流、交流什么、如何交流;而协作能力则在交流的基础上表现为如何发挥团队精神、互补互助以达到团队最大工作效率的能力。沟通协作能力，尤其是沟通能力，是学生自我展示中尤为重要的元素，唯有沟通才能让别人"获知"自己的优势，并且在沟通协作的过程中，学生的自我展示能力也会随之提高。

### （三）创新思维能力

创新思维能力指思维活动的创造意识和创新精神，不墨守成规，求新、求变，表现为创造性地提出问题和创造性地解决问题。创新思维不是与生俱来的，而是经过后天认真思考、培养锻炼出来的。创新思维能力能让学生以不同于平常的方式方法展现自我，在自我展示能力中属于方法性的能力范畴。

### （四）演讲口才能力

卡耐基说过，一个人的成功85％是靠他的人际沟通和演说能力。演讲口才能力体现了一个人逻辑的敏捷、知识的渊博、思维的系统，还有最重要的人际理解能力。演讲是学生自我展示的一种有效策略，反映了一个人的个性、气质、涵养、风度和认知水平，能展示自我存在。因此，演讲口才能力也属于方法性能力范畴。

### （五）礼仪形象塑造能力

礼仪形象塑造能力的本质是学生审美能力的物化。它强调的是个人通过仪容仪态、服饰、发型与化妆等外在形象塑造以及礼仪训练、语言表达和艺术鉴赏等抓手实现"内外兼修"的能力。而这也是自我展示能力的一个外显性能力，是自我展示的直接呈现。

"软能力"的养成并非一朝一夕可以实现，应该贯穿于人才培养的全过程。因此，面向这些"软能力"，诸暨技师学院着重开展心理健康教育，深化教学载体创新,推进双创教育改革,实施专项培训训练,探索出了一条适合中职生进行自我展示的“软能力”的提升模式与路径,为“人人出彩”奠定了良好的基础。

# 第三章　自信方能取信

青少年时期是对自我身份探索，并且极端情绪化的敏感时期。在职校中，学生往往因为没有自信，而对自己产生“我是个失败者”“我不够好”“我永远不会成功”等错位认知。针对这些共性问题，诸暨技师学院以自信心重塑为导向，进一步挖掘心理教育的强大优势作用，通过心理普查，建立学生心理档案，让学生客观认识自己；通过队伍建设，打造四级网络队伍，让学生有了自信守护人；通过差异辅导，实施分类教育，让学生找到自我调适的方法。最终，在自信心的助力下，学生有了自我展示的意识和信心。

【成长加油站一】

### 重拾自信的潘霞

潘霞是诸暨技师学院工艺美术专业班一个饱尝失败和痛苦的学生。初中时，她的成绩徘徊在及格分数线上下。由于成绩差，她是在批评声中长大的。进入诸暨技师学院后，虽然内心深处有一种改变自我的强烈愿望，但较强的自卑感又使她对学习缺乏信心。开学初，在一篇《向老师说说心里话》的日记里，她这样写道：“老师，您一定知道，大千世界有各种各样的假设。但在我心里只有一个小小的奢求——假如我不是差生。说句心里话，假如我不是差生，我将是一只快乐的小鸟，是一匹没有枷锁驰骋于草原的野马，用不着担心别人的猜疑，用不着害怕老师的白眼，也用不着害怕面对父母的苦笑……”

面对这样一篇字字滴血的日记，班主任老师的内心受到了强烈的震撼。为了鼓起她对学习、生活的信心和勇气，老师一方面利用课余时间把她请到办公室，对她那种不甘落后的精神给予肯定，对她在写作方面表现出来的特长加以赞赏，另一方面又委以重任，让她负责班级的黑板报工作，以充分发挥她的写作潜能。这是她读书以来第一次得到老师的表扬与鼓励，她很感动。从此她变得开朗了，郁郁不欢的脸上，第一次有了笑容。后来，越来越自信的她，不但高质量地完成了每期的黑板报任务，而且积极投身到校内外各项活动中去，她写的文章也因为文采好、有见地而被校报校刊和校广播站多次采用。如今她已成长为校文学社的社长了。

在她寄来的贺卡中这样写道：“没有人知道一个曾经放弃希望的人重拾自信的那份感动。说实话，事隔这么久，在给您写这张贺卡时，我仍然控制不住泪水。老师，谢谢您！如果没有您的表扬和鼓励，我的求学生涯也许永远不能出现辉煌。”

潘霞的成长告诉我们，人的禀赋、爱好、性格是不同的，有些人往往在某些方面有才华而在另一些方面则欠缺，甚至一窍不通。教师的眼睛不能只盯住学生的学习成绩，而要善于发现每一个学生的优点，尤其是困难学生的潜在闪光点，让他们更好地认识自己，悦纳自己，发展自己。而这就需要每一位老师发挥心理教育的优势作用。

## 【成长加油站二】

### 正月初一来电

今年正月初一凌晨一点十五分，和亲人朋友们一一通完电话的黄飞宙老师，怀着对新年的美好憧憬，正要进入甜蜜的梦乡，突然一阵清脆的电话铃响了。会是谁呢？怀着莫名的感动，黄飞宙幸福地拿起了话筒。“喂，你好！”“您好！黄老师，我是佳明，祝您新春愉快！”“噢，佳明，是你啊！”黄飞宙心中不由一阵激动，“谢谢！也祝你新年愉快，学业有成！”“黄老师，从十二点以后，我一直在给您打电话，可您那儿老占线，于是我就不停地打呀打，现在终于打通了。”

听着佳明那抑制不住兴奋的话语，黄飞宙的眼睛湿润了。噢，佳明，那个原本见到老师就发怵的佳明，那个在学生堆里吵吵闹闹，到老师面前俯首帖耳、巴不得钻到地缝里去的佳明，那个曾因一再违纪而怀疑自己是害群之马、无可救药的佳明，十二点以后一直在给自己打电话，黄飞宙心潮起伏，有关佳明的点点滴滴都浮现在黄飞宙的眼前。

佳明是黄飞宙班典型的问题学生之一，聪慧，好动，一双细长的眼睛总是闪烁着狡黠的光芒。他自控能力极差，从小学到初中都是在老师的批评声中度过的，久而久之，便形成了典型的双重人格：学生面前有说有笑、有吵有闹，班级里所有稀奇离谱和违纪的事，差不多都和他有关，但只要远远见到老师的影子，他就变得无声无息，站到老师跟前，不管自个儿有错没错，都像挨批斗似的，低着头，垂着眼，而且涨红了脸，那原本狡黠的目光，此时变得异常胆怯，偷偷地趁你不注意的时候扫你几眼。

黄飞宙印象最深的一次是在新生入学不久的一天傍晚，佳明和另外几位同学在大厅里打乒乓球，打的正欢，佳明远远看见黄飞宙从办公楼二楼的楼梯口下来，他放下球拍撒腿就跑，害得另外几位同学也莫明其妙地跟着跑开了。当时黄飞宙感到很纳闷，就在黄飞宙即将走出大厅的时候，忽然看到一个小脑袋从大厅隔壁的教室里探出来，一双狡黠的眼睛正向大厅里张望着什么。黄飞宙顿时什么都明白了，一种从未有过的苦涩和酸楚涌上心头。

如何教育这样的问题学生？如何矫正他们的人格缺陷？如何帮助他们重拾自信？多年的班主任经历告诉黄飞宙，唯一的方法就是爱。因为只有爱的教育才是有灵魂的教育，才是真正的教育。

为此，在平常的学习生活中，黄飞宙老师倾注自己最大的热情去接近他、关心他，走进他的心田，用一腔浓浓的师爱去化解他心头的种种疑虑和紧张。接触多了，谈得也投机了。有一次，黄飞宙问他："你为什么那么惧怕老师？老师就那么可怕吗？"他低着头悄声说："从小学到初中，我都是在老师的批评声中长大的，久而久之，就对老师产生了敬畏感，我不敢正视他们的眼睛，更不敢大声跟他们说话。可是老师您就不同了，我做了那么多错事、傻事，你总是耐心地找我谈，从不曾骂过我，我知道您是真心对我好。"看得出，他讲这话是动了感情的。黄飞宙抓住时机接着说："每个老师都是真心希望学生好，只是方式不同罢了，你应该学会理解老师。"

为了帮助他找回失去的自我，为了塑造他独立健全的人格，为了培养他顶天立地、敢做敢当的男子汉品质，黄飞宙老师利用一切可利用的时间，跟他谈学习、谈生活、谈理想、谈信仰，从言谈举止礼仪讲到人的禀性气质学养，从日常生活琐事的处理讲到一些原则问题的定夺，从人的难免犯错讲到对待错误的正确态度，从人与人之间应互尊互爱、友好相处讲到自尊、自爱、自重、自强对做人的重要性，等等。与此同时，黄飞宙老师努力发掘他身上的闪光点，并想方设法，多给他创造一些获得成功的机会，多给他一片施展才能的天空。

渐渐地，佳明变了，变得那么大方，变得那么自信，即使当老师面对面批评他时，他也能挺起胸膛，勇敢面对。这是一种由内而外的变化，这是一种来自灵魂深处的深刻变革。同学们都由衷地为他高兴，他自己更是喜不自胜。在一篇日记中，他满含深情地写道："如果没有黄老师的悉心关怀和教育，很难想象我将会怎样度过高中。真的感谢您，亲爱的黄老师！您用高尚的品德、磊落的胸怀和那份无私伟大的情感告诉我们怎样做一个真正的人，一个大写的人。"

# 第一节　认识自己

全面的自我认知对促进中职生的身心健康、全面发展而言是相当重要的。唯有让学生认清自己，学生才能去认知别人、肯定别人。因此，诸暨技师学院的每一位学生都要通过“摸底”性质的心理调研，从而在教师的帮助和引导下认识自己，回答“我是谁”的问题，构建健全的自我概念。

思　考

## 自我认识：了解四个“我”

古希腊帕尔纳索斯山神庙的一块大石碑上刻着这样一句话：“你要认识你自己！”卢梭称这一碑铭“比伦理学家们的任何巨著都更为重要，更为深奥”。在先圣们看来，自我认识是哲学探究的最高目标，人正是在“认识你自己”的过程中，才实现了对自身的完善与超越。苏格拉底曾说，每个人都必须认识你自己，认识你自己则是我们一生的课题。但是在现实生活中，大多数的中职生都是处在“自我迷茫”的成长阶段，难以证明、回答“我是谁”这个问题。

对于存在自卑心理的中职生而言，自我认识能够让学生克服偏见，保持正向心态。古人云：“天下本无事，庸人自扰之。”每一个中职生如果都能够正确认识自我，就不会因为环境的变化或他人的意见而自扰。只有正确认识自我才能走出自卑的阴影，为把握职业方向奠定良好的基础。也唯有自我认识能力的提升，才能进一步强化学生的自我展示能力。

那么，“自我认识”的概念内涵是什么呢？从心理学角度看，自我认识是自我意识的认知成分。它是自我意识的首要成分，也是自我调节控制的心理基础，它又包括自我感觉、自我概念、自我观察、自我分析和自我评价。其中自我概念的建立是自我认识的核心所在。

对于自我的概念上一章节已经提及,在此着重介绍心理学家鲁夫特与英格汉对自我认识的研究。他们认为,自我认识须立足于如下四个维度。

## 一、认识公开的"我"

公开的"我"即开发区的"我",是"我"与周围的人都认同的,周围都知道的,是我们性格的显性部分。比如,大家都觉得你是性格非常开朗的人,而你也这样认为,并且愿意把这部分呈现给大家。公开的"我"通常来说都是性格中较为积极的一面,也是我们社交想要展现的名片。

## 二、认识盲区中的"我"

心理学家们曾经做过一个实验,让肖像画家根据女性自己的描述和来自他人的描述分别创作两幅画像,而最后两幅画像的对比却令人无比震撼。往往女性对自己的描述与他人的描述大相径庭。这就是因为我们没有认识到盲区中的"我"。因此,盲区中的"我"属于"人知、己不知"。具体来讲,就是别人知道而"我"却不自知。比如,你觉得自己性格非常友善,但是周围的人其实觉得你的性格偏向高傲,这就是自我与他人不同认识形成的误区。

这也反映出认识盲区中的"我"的重要性。而要了解盲区中的"我",就必须要学会倾听他人的看法。正如日本服装设计大师山本耀司所说:"什么是自我,自己这个东西是看不见的,只有撞上一些别的东西才会知道真正的自己是谁,然后才知道自己是谁,这才是真正的自己。"

## 三、认识隐藏的"我"

所谓隐藏的"我",往往是我们刻意而为的,即"己知、人不知"。比如,有些人表面上显得很大度，但实际上喜欢嫉妒，“我”会刻意把这一种性格特征藏起来不让别人发现。可以看出，隐藏中的“我”是人性格中的阴暗部分，只有深入了解的人才会知道。

在生活中，隐藏的“我”也并不一定是非正向的。我们有时需要突破自己，必须学会将隐藏的自我逐步变成公开的自我。心理学曾强调自我暴露法对自信心提升的益处。例如，我们嫉妒某个人，可以选择在某个时机大方公开承认“我很嫉妒你”，这其实不会带来负面影响，反而会因为开诚布公，而获得更多的自信与自尊。

## 四、认识潜能中的“我”

每个人的自我都存在未知的领域。这一部分自我即潜能中的“我”。正是因为这个“我”，有时我们做某些事情，会发现就连自己都没意识到原来可以做得非常好。因此，这个“我”是认识自我最高阶段的状态，也是认识自我中要着重开发的部分。比如，文秘专业的学生毕业后去做销售，竟然发现自己销售业绩十分惊人，这就是他潜能的开发。我们每个人都可以通过潜意识或者某些经历，重新发现自我。通过潜能中的“我”，我们甚至可以重塑自己的行为特征，改变自己的人生轨迹，并且获取“意外”的成功。

诸暨技师学院坚信，只有正确认识四个“我”，才能真正了解自我，才能客观评判自我，才能重塑学生的自信。

**探　究**

### 一生一档案：让学生正确认知自我

著名的发展心理学家埃里克森提出的毕生人格发展理论将人生分为八个阶段，认为能否较好地处理充斥每个阶段的独特矛盾对人格的发展有着重要的作用。中职生处于青春期阶段，极容易陷入自我同一性混乱的险境中,这一阶段是决定个体心理的健康成长直至最终成熟的决定性阶段。此时要让学生正确认知自我的一个基础性工作就是建立心理档案。

从纵向看,学校心理档案可为学生正确认识自我、分析自我,进行自我教育创造条件,为学生个人心理健康发展提供十分重要的条件。学生可以通过心理档案了解自己的心理状况,在发现自己有心理问题时,就可以积极寻求心理辅导和心理咨询,通过一段时间的调整或矫治,通过心理档案考察效果。因此,它能对每位学生个人的心理成长、心理潜能开发提供帮助。

从横向看,学生心理档案可以揭示学生共性心理品质问题,同时揭示教师教育教学工作中的问题,从而促进学校和教师更新教育观念、转变教育思想、改革教育方法、创设良好的学校心理环境,促进学生心理的健康发展。

因此,在诸暨技师学院的每位学生都有一份心理档案。

## 一、学生"本位",明确内容

学生心理档案建立的出发点和落脚点都是学生。因此,诸暨技师学院在构建学生心理档案时尤为注重学生的"第一印象"和"填写体验",在参照一般心理档案的内容上进行了细分和补充,即要求一份完整、准确、系统的心理档案必须包括静态信息、动态信息和预警信息三个方面的内容,基本包括四个"我"。

### (一)静态信息

静态信息主要提供一些背景资料,以帮助教师深入分析学生心理,正确诊断学生心理问题产生的原因。主要包括以下几个方面。

**1. 个人简介**

主要包括姓名、性别、出生年月、籍贯、民族、政治面貌、就读学校、年级、家庭住址、爱好、特长等。

**2. 身体状况**

主要包括血型、一般健康状况、身体发育状况、生理缺陷、个人病史等。

**3. 家庭生活环境**

主要包括家庭成员的工作性质及职务、文化程度、家庭的组织结构、家庭的居住环境、家庭的经济状况、家庭气氛、家长的教育方式与态度、亲子关系、是否独生子女、家中排行等。

**4. 学校学习生活情况**

主要包括学生的学习成绩、学习态度、学习习惯、思想品德、行为习惯、体育运动、交际水平(含师生关系、同伴关系)、担任班干部情况、获奖情况等。

**5. 对学生个人生活有影响的重大社会生活事件**

主要包括家庭成员的死亡、父母离异、与教师和同学关系紧张、生活条件改变、影响生活的重大挫折等。

(二)动态信息

动态信息主要涉及学生阶段性的个人状态和个人评测,用以动态记录和管理学生的心理健康,帮助教师进行针对性指导。主要包括以下几个方面。

**1. 能力状况及其教育建议**

主要是指学生的智力水平、智力特点如何,怎样进行有针对性的智力训练;学生的言语智能和数学智能水平如何,言语概括、言语推理、数学概括、数学推理、解决问题的能力分别处于哪个等级;能力倾向鉴定及创造力测量等。

**2. 人格特征分析及培养建议**

主要是指学生的性格类型及特征、气质类型及特征、个性心理特征、学生的兴趣、态度、人际关系及品德的特点等。

**3. 心理健康状况及辅导策略**

主要指学生的阶段性自评、同学或老师的阶段性评价、心理咨询记录(次数、主诉及症状、病因分析、疏导措施及效果)、心理健康阶段性测评等,以及对应的辅导策略。

**4. 学习心理分析及教育对策**

主要是指学生的学习态度、学习方法、学习动机、学习意志力、考试心理、学习困难的诊断、学习认知因素分析、学习动力状况分析、学习社会因素分析、怎样优化学生的学习心理等。

**5. 职业能力倾向类型分析及指导**

主要指学生的职业兴趣、职业能力的诊断,分析其适合从事哪一类工作,从而为学生作升学就业指导。

(三)预警信息

预警信息包括由上述信息形成的分析报告、学生心理素质发展报告以及心理偏常态的个体预警。

因此,填写心理档案的过程其实就是"自我追问"的过程,是学生自我观察、自我认知、自我审视的过程。可以说,心理档案是学生找寻真实自我、摒弃虚假自我的一面镜子。

## 二、全面“摸底”，科学建档

在建立学生心理档案时，学校遵循“全员、全面”原则，实施“五步走”方案。

第一步，新生普查。学校心理健康工作站于每一年新生入学后都会组织开展心理普查。心理普查内容包括个人基本信息和心理测验量表。测查量表使用人格问卷（EPQ）和症状自评量表（SCL－90）两个测查工具，它们是目前中职校用于测量学生心理健康状况、了解学生个性心理特点的最主要工具。测查结果保存在“学生心理档案管理系统”中。

第二步，普查反馈。心理健康工作站根据人格问卷（EPQ）和症状自评量表（SCL－90）的筛查标准，将筛查出的心理异常学生名单汇总制作成《学生心理普查分析与访谈登记表》，并反馈给系部和班级心理辅导员。

第三步，学生访谈。辅导员通过观察、访谈、学生自评并结合“重点关注学生分类及行为特征”，将确定有心理问题的学生或心理普查虽未检测出而辅导员或同学反映确有与重点关注学生特征一致的学生作为重点关注学生，建立重点关注学生心理档案，并对这些同学开展追踪访谈工作。

第四步，汇总诊断。学校心理健康工作站对各系心理辅导员报上来的重点关注学生进行汇总，逐一了解每个学生的情况，再次约谈学生，进行心理诊断，开展心理咨询。必要时与辅导员、家长共同商谈治疗方案，或转介其他机构。之后，心理健康教育中心将处理结果反馈给系级心理辅导员。如此循环往复，为重点关注学生建立一套严密的防护体系，保证重点关注学生的健康成长和学业的顺利完成。

第五步，追踪更新。辅导员在每学期末都要对学生心理档案内容进行更新，并报学校心理健康工作站备案。学生心理档案一旦建立，学校一直追踪关注直到其毕业离校。在这期间，辅导员要重点关注有心理异常的学生，经常约谈，或通过班级心理委员了解他们的心理状态，在每学期末要将该学生心理状况及采取过的措施填入心理档案，并上报。对于新近发现有心理异常的学生，单独建立特殊心理档案，并按以上方案进行处理。

**【相关链接·学生感受一】**学校非常重视我们学生的心理健康。入学不久就对我们新生进行心理健康测试，建立心理档案。说实话，起初我们很不以为然，觉得不过是搞搞噱头罢了。现在看来，并不是这样，全校上上下下，从领导到老师、到班级学生干部，都把我们的心理健康放在第一位。在这样的环境里学习生活，觉得很踏实，以前那种无根无底、空空落落的感觉渐渐地在消失。

**【相关链接·学生感受二】**学校自我认知测试让我对自己有了更清晰的认识，从来没有想到自己在艺术方面具有潜力，也幸好我在心理辅导老师的引导下进入了艺术社团，改变了我的人生，让我真正遇到了喜欢的事情，变得更加自信，更愿意展现自我。

## 三、严格管理，高效应用

心理档案建立起来后就会面临“怎么管”“怎么用”这两大核心问题。

针对“怎么管”问题，诸暨技师学院建立了一套严格的心理档案管理制度。学校心理档案管理制度遵循档案管理的三大原则。一是集中管理原则。学生心理档案分为电子版和纸质版两种形式，二者集中统一存放，其管理权归口于学校的心理健康工作站。二是保密原则。学生的心理档案由于涉及学生的个人隐私，须采用高度保密的管理方式。三是科学化原则。学生心理档案的管理充分考虑学生心理的特殊性，整个管理制度还包括心理档案建立制度、心理档案查阅制度、心理档案分析结果利用制度等一系列配套制度，确保管理的规范性、可操作性。

针对“怎么用”问题，诸暨技师学院将学生心理档案看作一个相互联系的系统。一方面，由于每份学生心理档案都提供了学生的能力、人格、心理健康、学习心理及职业能力特点等方面较为具体的教育建议或培养策略，学校就根据这些建议，引导学生进行自我观察、自我认知、自我强化、自我成长。另一方面，根据学生心理档案设置班级管理的“导航”，在进行年级分班或班级分组时，按照能力水平、人格特点等因素进行分班编组；在选拔学生干部时，根据其个性特点进行有针对性的培育锻炼；在制定班级教学计划时，也结合各专业或各班级的实际情况来进行，确保教学进度与学生学习能力、心理健康状况一致。

其中在引导学生自我认知方面，学生心理档案在应用过程中主要采取两种方法。

## （一）SWOT 分析法

SWOT 分析法又称“态势分析法”，SWOT 四个英文字母分别代表：优势（Strength）、劣势（Weakness）、机会（Opportunity）、威胁（Threat）。SWOT 分析法将与学生密切相关的各种主要内部优势、劣势、机会和威胁等，通过自我分析列举出来，并依照矩阵形式排列，然后用系统分析的方法，把各种因素相互匹配起来加以分析，从中得出相应的结论，让学生对自己所处的情境进行全面、系统、准确的评价，从而帮助学生进一步进行自我认识。学校某一即将毕业的学生的 SWOT 分析案例如下：

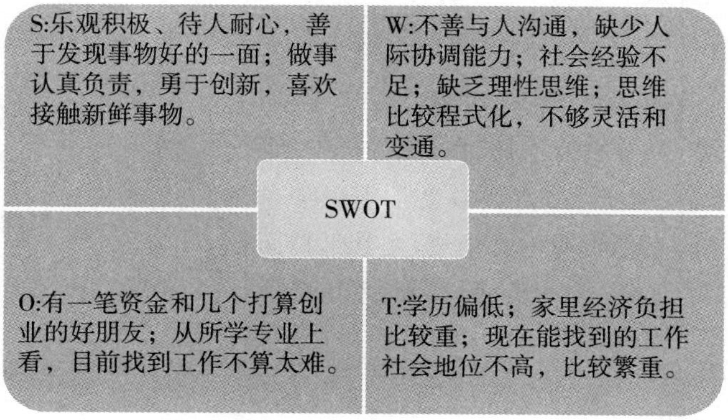

## （二）心理训练法

展现自我需要把握好“度”，需要科学严密又有序列的训练。诸暨技师学院的做法如下表。

| 步骤 | 内容和要求 | 学生感受 |
| --- | --- | --- |
| 第一序列：你认识到自我了吗？ | 通过“测量自己的展现水平”“消极被动，怎么办”“战胜你的消极行为”“好胜还是挑衅”“缓和你的好胜心”“展现自我会让你害怕”“战胜恐惧”“展现自我的六大法则”等10个小练习，指导学生先做好自我定位，了解自己现在的展现水平如何。 | 我们很喜欢做这样的心理训练，它让我们渐渐看清最真实的自己，也明白了自己最需要什么。 |
| 第二序列：展现你的目标和需求 | 通过“我的自画像”“细化你的生活目标”“将愿望变成现实”“探索你的需求”“不要模棱两可”“学习明确表达你的需求”“满足你的日常需求”等7个训练，让学生明白怎样做才能更自信，并且学会把自己的需求和目的明确表达出来。 | “人生没有目标，就好像航行没有罗盘”，我们从没有像今天这样真正明白这句话的含义。我们慢慢知道自己要什么，该干什么了，也觉得自己正在逐渐变得自信有主见。 |
| 第三序列：自发地讲明内心情绪，尤其是负面情绪 | 通过“倾听身体的声音”“鉴明你的情感”“消除紧张”“快速恢复平静”“我的感受怎样说”等5个训练，旨在教会学生更加自发地讲明内心情绪，尤其是负面情绪，因为负面情绪的累积会使人无法展现真实的自我。 | 这一阶段下来，感觉到自己的整个状态较以往有明显的改变，人变得格外自信、阳光、有活力。 |

续表

| 步骤 | 内容和要求 | 学生感受 |
| --- | --- | --- |
| 第四序列：把机会掌握在自己手中 | 通过“探索你的积极行为和用语”“找到幸福的机会”“学习相对地看事情”“大笑吧”等5个练习，旨在教会学生努力把机会掌握在自己手中。 | 用我们自己的理解归纳这个序列的心理训练内容，就是：我们掌握着一串幸福的钥匙，分别是语言钥匙、行为钥匙、相对化钥匙和可以直接作用于身体的大笑钥匙。呵呵，发现老师的心理训练课真是越来越有意思了，我们喜欢。 |
| 第五序列：敢于充分地展现自我 | 通过“敢于说出口”“学会平静地提要求”“敢于确认自己的偏好”“作出赞扬”“接受赞扬”“请求赞扬”“敢于说‘不’”“直面挑战”等8个训练，旨在训练学生敢于充分地展现自我。 | 今天专业课老师把我叫到办公室，意思是让我参加电子制作兴趣小组。说实话，我对这个项目也挺感兴趣的，可是我已经参加学校的发明小组了。就这么点业余时间，我觉得同时参加两个项目，可能什么都做不好。认真思考后，我平静而礼貌地拒绝了老师的好意。走出办公室，我的心禁不住“咚咚”地跳起来，惊讶、激动、惊喜，发现自己胆子够可以了，居然当着办公室那么多老师的面，敢于说“不”并且平静地解释清楚拒绝的理由，这在以前是想也不敢想的事。 |

例如,第一序列中“展现自我6大法则”这个小练习,第一步,发给每人一张表格,让学生通读第一栏中的每条法则,然后,在中间栏“写出一个名人或亲友的名字,在你的心目中,这个人以其生活或行动诠释了该法则,他(她)是你要学习的榜样”。接下来,在第三栏“他(她)怎么做”一栏中,描述这个榜样在实践相应法则时所采取的行为。

| 6大法则 | 我的榜样 | 他(她)怎么做 |
|---|---|---|
| 尊重自己的权利,温和地展现自我,不歇斯底里,不采取暴力手段。 | 甘地 | 他的声音平和、温柔,即使发表对别人的意见,他也能平静地看着他们。 |
| 给出清晰的动机与明确的目标,用“我所想的是……”“我需要……”等句子向周围的人进行解释,作出相应反应。 | | |
| 学会作出批评,帮助别人进步;同时学会接受批评,以便让自己进步。 | | |
| 面对好胜心强的人,甚至挑衅者,保持冷静。 | | |
| 遇到意见分歧,寻找“双赢”的解决办法,关注他人的利益所在,同时考虑自己的利益,争取符合现实情况的和解。 | | |
| 坦率地阐明自己的感觉和观点。 | | |

第二步,通读上述表格的最右一竖行,选择其中一格,想象自己下次遇到类似场景,并告诉自己要按照榜样的方式来处理它。完成下面的表格,写出个人遇到的场景。

| | 我的榜样是怎么做的？ | 我如何模仿榜样的做法？下次遇到这样的场景，我要怎么做？ |
| --- | --- | --- |
| 法则之 6：坦率地阐明自己的感觉和观点。 | 吃晚饭时，虽然他并不认识所有人，但还是敢于说出自己的所想。讨论时，他会举出具体事实来佐证自己的观点，并且会指出："这只是我个人今天的看法，也许明天情况有变，我的观点也会随之变化……" | 今晚，我要和朋友们吃饭，并且共同决定暑假去哪里。我现在有点儿囊中羞涩，所以我要向他们解释，为什么今年有的地方我没法和他们一起去。 |
| 场景 1： | | |
| 场景 2： | | |
| 场景 3： | | |

通过这两种方法，有效矫正了学生的心理困惑、自我怀疑的认知结构，使学生能够了解常见心理障碍、个性缺陷及其克服方法，正确认识自卑的成因，理解自卑感对每个人来说都是难以避免的，对人的生活、学习多方面都有消极的影响，但它又是隐藏在所有个人成就后面的推动力，每个人都只有克服自卑，才能超越自我，获得成功，从而有意识地变消极因素为积极因素，主动克服自卑心理的消极影响，养成良好的应对方式。

## 第二节　打造“阳光玻璃房”

作为绍兴市最早开展心理健康教育的职校之一，诸暨技师学院始终致力于探索学生心理健康教育的新模式和新方法。近年来，学校进一步完善了学校、分部、班级、宿舍四级工作体制，从而为点燃学生自信，强化学生自我展示能力提供了优质的“护卫军”，为学生打造了“阳光玻璃房”。

### 思　考

### “阳光校园”有赖于一支优质队伍

培养自信的学生必须有自信的教师，唯有阳光自信的优质队伍才能带来阳光的校园环境。可以说，心理健康教育队伍是完成学生自信教育这项光荣任务的践行者和主力军，是有效开展学生心理健康教育工作的保障，是提高学生心理素质的重要条件。

一般而言，学校心理健康教育队伍包括专兼职心理咨询师，也包括在其他岗位从事心理健康教育工作的人员，如辅导员、班主任等。但是，在当前职校中，学生心理健康教育队伍较之日益扩大的招生规模而言，极度匮乏，师生比过低。与此同时，大多数中职学校的心理健康教育队伍人员构成复杂，兼职教师和其他参与人员是心理健康教育队伍的重要力量。调查显示，德育教师或文化课教师占30%左右，专职或曾经担任过心理咨询者的仅占6%左右，其余从事心理健康教育工作的人员多为兼职人员。职校心理健康教育队伍的现状不容乐观。

## 一、职业耗竭状况普遍存在

一项针对职校心理健康教育队伍的调查显示，25%左右的人员持有某种心理咨询方面的职业资格证书，但仅有17%的人员有心理学的教育背景。就学历而言，硕士及以上占10%，本科占79%。心理健康教育参与者背景的多元化加快了其职业耗竭。所谓“职业耗竭”是由于精神、体力和资源方面的过度需求而产生的失落、疲惫、耗尽感。国外研究者调查发现，处于耗竭状态的心理咨询师比例在40%以上。我国职校心理健康教育工作者的职业耗竭状况也普遍存在。

这主要是由于心理健康教育工作的对象是个性鲜明、处在青春期的中职生，面对的问题是学生在学习生活中错综复杂的心理问题。面对来自学生的心理困惑，心理健康教育工作要承担起心理咨询、课程讲授、普及宣传、危机干预等工作，这对于教育者的育人理念、工作技能和个人素质有着极高的要求。然而，正如调查显示，大部分工作者在专业知识欠缺和实践经验不足的情况下就匆忙上岗，接受专业培训和督导又不够系统，在从事心理健康教育工作一段时间后，容易受学生的消极情感和心理危机的影响，导致情感损耗过度、个人成就感降低，甚至在无助感和茫然感的催化下人格解体。

## 二、自我成长需求无法满足

在互联网信息大爆炸的时代，中职生生源表现出较以往更为多元而复杂的心理诉求。这就要求心理健康教育工作者不断改进工作方法，在持续学习中提升专业能力。心理健康教育工作者的自我成长一般包括个人成长和专业成长两个方面。个人成长关注工作者个体的“社会人”，即完善人格、提升自我接纳与自我觉察力、处理个人未经事宜、深化对人性的理解、提高职业伦理水平等。专业成长则强调的是专业的“职业人”，涉及自身职业动机、专业认同度、理论取向、个人心理保健的探索与精进过程。

调查显示,承担过“心理健康”教育教学任务的工作者对接受“专业培训”的要求十分强烈,有超过 72%的工作者认为很有必要接受进一步的专业培训以实现自我成长。但事实上,职校心理健康教育工作者的自我成长很难得到满足。一则由于当前有关心理健康教育工作者的专业培训和督导机会十分有限,高水平的培训师、督导师十分缺乏,且地区差异明显。二则由于编制稀少,专职心理教师在学校内往往承担着大量的心理咨询、课程教学、培训辅导工作,只能利用空闲时间参与零星的专业培训,进行自我体验和督导的机会更是少之又少,因而无法获得系统性、全程化的自我成长。

## 三、专业性素养有待提高

随着社会各界对职校心理健康教育的重视程度的提高和中职生主动寻求心理健康教育意识的增强,职校心理健康教育队伍亟须扩大。越来越多的班主任、辅导员、任课教师、学生干部参与心理健康教育工作,复合型心理健康教育队伍逐步成型。在这支看似庞大的兼职队伍中,超过 80%的从事心理健康教育工作的工作人员工作不满一年,超过 70%的人没有受过心理健康教育方面的系统专业培训。一些兼职人员对心理工作性质与特点认识不清,难以承受超出自己专业能力的心理工作,只能进行“补救式”的辅导工作。更为尴尬的是,专业素养不足的心理健康教育工作者容易将工作中的挫折感带到家庭生活、学习娱乐之中,对自己的身心健康产生不利的影响。在这样的背景下,少而又少的专职工作人员就要充当“急救员”的角色,反而加大了其工作量。

职校心理健康教育队伍现状的改变与困境的解决有赖于职校充分挖掘学校心理健康教育可利用的因素,整合人力资源,实现资源的优化配置，探索出一条适合职校校情的队伍建设模式。

探 究

## 建构心理健康教育四级网络

诸暨技师学院自推进学生心理健康教育队伍建设工作以来，同样存在上述现象。为了打造更为立体、更为优质的队伍，近年来，学校在学生心理健康教育工作领导小组的带领下，创新性地构建起“学校—分部—班级—宿舍”四级心理健康教育网格。

### 一、构建心理健康教育四级网络队伍

#### （一）一级网络——学生心理健康教育工作领导小组

学校心理健康教育工作领导小组由学校校长、德育副校长、分部负责人等组成，从全局性的角度指导全校心理健康教育的开展。一是制订学校心理健康教育工作计划，总结学校心理健康教育工作经验。二是指导学校心理咨询室对教职员工特别是班主任进行心理健康教育培训工作，使其掌握心理健康教育的基本原则、方法和技能。三是指导学校心理咨询室心理健康教育专兼职教师开展心理咨询、开设心理健康教育课程、开展心理健康教育专题讲座以及加强心理健康教育普及工作等。四是全面规划和领导全校学生心理危机干预工作，督促有关部门和人员认真履行危机干预工作的职责，为重大心理危机事件的处理作出决策。五是掌握学校阶段性师生心理健康教育工作情况，为学校管理提供学生心理、思想动态情况。六是协调学校、家长、社会各界共同做好学生心理健康教育工作。

### (二)二级网络——分部学生心理健康辅导工作站

学校在综合部和职高部分别建立了学生心理健康辅导工作站，由心理健康教育专家和专兼职老师组成。一是在分部范围内通过宣传栏、报纸、网络、专题讲座、活动等多种方式普及心理健康知识，营造良好的心理健康氛围，引导学生树立现代健康理念，培养良好的个性品质。二是心理辅导教师通过个别咨询、团体辅导的方式，帮助学生正确面对发展性心理问题或心理障碍，引导他们走出迷惑，完善人格，优化心理品质。三是定期对辅导员、班级心理委员、宿舍心灵护航员开展定期培训，如基本的心理学知识、心理问题的识别与诊断、心理学流派和心理咨询技术、危机干预的技巧和方法、自我成长训练、如何开展团体辅导等。此外，心理健康辅导工作站还协助开展新生普查工作，建立学生心理健康档案，筛选出心理危机个体，对有心理问题倾向的学生进行追踪辅导，做到心理问题及时发现、提前预防、有效干预。

### (三)三级网络——班级心理委员

三级网络——班级心理委员是学校心理健康教育在基层的中坚力量，其职责有：一是负责宣传和普及心理健康知识，根据本班级的实际情况，因地制宜开展相关的心理健康教育活动，形成心理健康的良好氛围。二是关注本班学生的心理健康状况，及时向辅导员、班主任或心理辅导员反馈本班的心理健康信息，每月向心理健康辅导工作站提交班级心理健康晴雨表，引导同学进行心理调适，调节负面情绪，增强心理素质。三是参与和协助所在院系开展心理健康教育活动，做好学生危机干预工作。

### (四)四级网络——宿舍心灵护航员

学校在每个宿舍设立了宿舍心灵护航员，进一步加强心理健康教育的基层组织建设。宿舍心灵护航员在学习一定的心理学知识后，自觉有意识地营造宿舍人际关系的良好氛围，为宿舍成员提供人际关系的支持，及时发现本宿舍存在心理问题的同学并进行疏导或介绍到学校心理健康教育辅导工作站，把心理问题消除在萌芽状态。

## 二、运行心理健康教育四级网络机制

为了有效运行四级网络队伍，提升队伍的专业性，学校定期开展专项培训。

四级网络在学校领导的大力支持下，在校心理健康教育中心的指导下，充分调动了教师特别是学生干部参与学生心理健康教育工作的积极性，建立了筛查、评估、复诊、干预、跟踪、反馈的工资机制，并按照四级职责范围，建立了逐级发现、逐级办理、逐级报告制度，形成了新生入校普遍教育——在校普遍测评——学期中间普遍排查——学期结束普遍关注的工作模式，从不同层次、不同侧面去解决学生可能遇到的心理困惑和问题，取得了较好的成效。

### （一）“天使”引路，营造了和谐友爱的氛围

学校新生由于成长背景、家庭环境的不同，每个人的行为习惯、思维方式、人生态度都存在较大差异，加上很多学生都是初次进入集体生活，人际冲突频繁、人际关系紧张，成为中职生心理问题的主要原因，这使他们对社会产生一种离心力，始终觉得自己处于他人的压力之下。他们渴望与他人顺利沟通交流、确立良好的人际关系，却不知如何开启心灵的大门。与此同时，由于他们都是考试“失利者”，大部分中职生进入学校后都存在着自卑情绪，敏感且冲动。四级网络的运行，宿舍心灵护航员、班级心理委员通过开展生动、深刻的心理健康教育活动，在活动中运用真诚、共情、自我揭露等心理学技术引导同学们打开心扉，点亮心灵的火花，感

受集体的温暖。在这样的心灵碰撞中,同学们的沟通不断深入,而不再停止在表面的交往和肤浅的猜测,人与人也开始学会关怀和理解,充分发挥宿舍人际关系、班级人际关系的社会支持系统功能,营造了和谐友爱的氛围,让自卑的学生走出阴霾,感受阳光。

### (二)朋辈辅导,打造了助人自助的生态环境

班级心理委员和宿舍心灵护航员在经过培训和有意识地学习心理学知识后,已经具备了一定的心理学基础知识和心理咨询能力,他们同时也扮演着朋辈心理辅导员的角色。这种身边同伴的"非专业"、准心理辅导往往带来无障碍、无抵触的辅导效果。朋辈辅导员和其他学生生活在一起,他们的空间距离近,交往频繁,提供安慰、鼓励、劝导等心理支持非常便利,且不像专业心理咨询那样受到时间、地点的限制。同辈人之间有共同的经历和情感体验,他们容易互相理解,便于沟通交流,具有其他心理辅导模式所无法比拟的独特优势。与此同时,宿舍心灵护航员、班级心理委员在帮助别人的过程中,也对自己进行着内部整合,实现了心理辅导"助人——自助"的理念。

**【相关链接·班级心理委员感受】**刚担任心理委员时感觉还是有不小压力的,因为别人烦恼的时候我要做一个安静的倾听者,同学需要帮助的时候,我要做一个后盾。渐渐地我开始适应并喜欢上这份工作,它让我深刻的体会到了助人自助带给自己的收益,因为同学们遇到的问题,有时我也存在,在帮助别人中,我获得成长。

### (三)危机干预,杜绝了意外事件的发生

近年来,学校没有发生过因学生心理问题引发的重大事故。其原因就在于四级网络的建立和运行。中职生心理问题和障碍并不是一天两天形成的,而是有一个郁积的过程,他们在平时的生活中都可能有一些异常

的表现，而这些表现却很难被普通的同学所发现。班级心理委员和宿舍心灵护航员经过专业的培训后，有一定的专业敏感度和洞察力，能及时察觉到学生在心态和行为上的异常变化，通过关心、支持有效缓解学生当下的心理问题，他们可谓疏导校园心理健康问题的第一道防线，有效实现了学生心理危机干预。同时，分部心理辅导员也经过国家心理咨询师的专业培训，能够及时判断学生心理危机的程度，指导朋辈心理辅导员实施实时监控，并根据具体情况建议问题学生寻求专业的心理咨询。四级网络真正起到了监督防范的作用。

## 第三节　呵护不一样的“小水滴”

对于教育者而言，一个学生就是上天洒入人间的一颗珍贵的“小水滴”。为了呵护那些因为自卑而不一样的“小水滴”，让每个“小水滴”都能绽放光彩、拥有自信，诸暨技师学院根据对象的差异化，因材施教，开展个性化的心理辅导。

思　考

### 关注学生心理差异

古人云，人心不同，各如其面。学生之间的心理差异是客观存在的，教师的教，只有适应了学生学的差异性，因材施教，才能够达到理想的效果。学生个体心理差异，也叫“个别差异”，是指个体在稳定的心理特征方面的差异。它是在先天素质的基础上，通过后天教育、实践所形成的一贯的、持续的、不同与他人的个体心理热点。学生的个别差异，从心理角度来看，包括性格差异与认知差异。认知差异又包括认知能力差异和认知方式差异。

## 一、性格差异

性格的个体差异主要表现在性格的特征差异和性格的类型差异两个方面。

### （一）性格的特征差异

关于性格的特征差异，我国和苏联心理学家常用描述性方法对性格的静态结构进行分析，通常情况下，从四个方面进行分析。一是性格的态度特征：对社会、他人、集体；对劳动、工作；对自己。二是性格的理智（认知）特征：感知、记忆、思维、想象过程中的差异。三是性格的情绪特征：情绪的强度、稳定性、持续性、主导心境。四是性格的意志特征：行为的控制和调节。

### （二）性格的类型差异

性格的类型是指一类人身上所共有的性格特征的独体结合。由于性格现象极端复杂，在心理学中至今没有一个公认的、有充分科学依据的性格分类原则。

## 二、认知差异

学生认知差异主要体现在认知能力差异和认知方式差异两个方面。

### （一）认知能力差异

学生认知能力差异就是我们常说的“智力差异”。具体包括四个维度。一是智力类型差异：构成智力的各种因素存在质的差异，主要表现在知觉、记忆、想象、思维的类型和品质方面。认知能力差异不代表智力水平的高低，只影响人们学习的过程或获取知识经验的方式。二是智力发展水平的差异：个体之间或个体内部智力水平高低不同的程度。人的智力水平呈正态分布（常态分布），正态分布函数曲线呈钟形。三是智力表现早晚的差异。四是智力的群体差异：性别差异、年龄差异、种族差异等，其中因性别差异最为普遍。例如，男女智力的总体水平大体相等，但男性智力分布的离散程度比女性大，男女的智力结构存在差异，各自具有自己的优势领域。

基于对学生个体认知能力差异的关注，诸暨技师学院借助入学新生问卷调查发现，形成中职生自卑心理的原因是多方面的，其中因期望过高而引起的自卑与过早断定自己不行造成的自卑心理所占的比重最大。此外，同为刚入学的新生，在城乡差别上，农村学生自卑心理强，城市学生自卑心理较农村学生弱；在性别差异上，女生自卑感比男生强烈。

### （二）认知方式差异

认知方式，也称“认知风格”，是指人们在认知活动中所偏爱的信息加工方式。如有的学生喜欢听教师讲解，有的则喜欢独立思考。目前受到学界广泛关注的认知风格主要有场依存型和场独立型、冲动型和沉思型、具体型和抽象型。从个体在认知加工中对客观环境提供线索的依赖程度看，个体认知风格可以分为场依存型和场独立型。具有场独立型风格的人适用于那些不强调“社会敏感型”的教学方法；而具有场依存型风格的人则相反。

在对学生进行普查时，诸暨技师学院按照学生对问题作出反应的速度，把学生分为冲动型和沉思型。两种认知风格各有优缺点，并无好坏之分。冲动型的人解决问题快，易出错；沉思型的人处理问题慢，错误少；冲动型学生在运用低层次事实性信息的问题解决中占优势；而沉思型学生在解决高层次问题中成绩更好。此外，根据个体在进行信息加工时所采用概念水平的高低，又将学生区分为具体型和抽象型。抽象型学生能够看到问题的多方面,可以避免刻板印象,能够容忍情景的模糊度并进行抽象程度较高的思考;而具体型风格的学生能比较深入地分析某一具体观点或情境。

**探 究**

## 面向个别差异,实施分类教育

面向个别差异,如何开展针对性的教育呢?诸暨技师学院遵循因材施教的原则,针对中职生自卑心理的个别差异实施分类教育。

### 一、基于内在动机,引导学生完善正面的自我图式

对因动机与期望过高而引起自卑的在校生,重在引导他们放弃过高的期望,不断完善正面的自我图式。自我图式是影响个体对关于自己信息的编码进行储存和提取的认知结构,强烈地影响着个人的行为。中职生正处于青春期,是人生的黄金阶段,由于身体发育和思想成熟,有较强的成就感和过高的追求,喜欢在头脑中设计"理想的自我":人见人羡的大学生、学识渊博的作家、风度翩翩的外交家……而他们的这些"理想我"往往高于"现实我"。

例如,许多在校生都有一个"上大学"的梦想,中考失败进了中等职业学校,但他们的"大学梦"还在延续。为此,教师一方面要让他们认识到上大学并不是人生唯一的出路,只要勤学苦练,熟练掌握专业技能,能适应社会的需要,中职生也有自己的存在价值,从而帮助他们校正"理想我"与"现实我"的偏差,让他们具有切合实际的期望。另一方面用优秀毕业生的鲜活事例来教育和激励学生。"榜样的力量是无穷的",优秀毕业生的创业经历是一本生动的教科书,对学生的触动和警醒作用非常大。为此学校先后组织了多次大型的"创业者之歌"优秀毕业生采风活动,采用实地采访、故事讲解和事迹报告会等生动活泼的形式,把黄公平、王乐阳、翁

佳斌、王朝晖、徐伟云、陶海英等一个个优秀毕业生曲折动人的创业轨迹演绎给学生看，以此来激励和鞭策学生，由此编写成的校本教材《创业者之歌》，人手一册，作为学生的课外读物。

**【相关链接・学生感受】**“前事不忘，后事之师”，学哥学姐的创业经验和教训是一本生动的教科书，对我们的激励和鞭策作用非常大。我突然明白了一个道理：英雄不问出身。一个人不管处于何种境遇，只要自信自强、善于把握机遇、敢于展现自我，就必能活出一份生命的精彩。学哥学姐可以做到，我们为什么不能？

## 二、学会正确归因，帮助学生树立正面的自我印象

对因过早断定自己不行造成自卑的中职生，引导他们正确归因，形成正面的自我印象。方法一，有意识地对学生进行归因训练。如通过小组讨论的形式先让学生自己分析成败的原因，再由教师进行全面分析，渐渐引导他们作内部的、可控制的、不稳定因素（如努力、态度端正）的归因。方法二，运用强化法，定期让学生完成具有一定难度的任务，然后根据其对成败的归因，对其积极的归因方式给予鼓励，对于那些很少作出积极归因的学生给予暗示和引导，促使他们形成比较正确的归因倾向，走出遇事就贸然断定“我不行”的误区，进而敢于面对困难，采取措施解决学习、生活中遇到的问题。

## 三、培养自我意识，助力学生改善怯懦的性格特征

对因性格怯懦造成自卑的中职生，诸暨技师学院将心理辅导的关注点放在培养学生的自我意识上。性格怯懦属于场依存型人格。方法一，进行有针对性的个别心理辅导。方法二，创设环境让他们独立完成一项任务或完成团体活动中的一个环节，让他们进行独立思考，独立工作，培养他们分析问题、解决问题的能力，从而肯定自己的力量，增强自信心，勇

于面对生活中的挫折,不再退缩和回避。

## 四、聚焦群体差异,满足学生的接纳需求

对于农村中职生和女中职生两个群体,需要给予接纳和支持。接纳需求是人性的一种基本需求,农村中职生易自责、自闭,女中职生依赖心理较重,他们离开家庭,有孤独感、无助感,加上正处于情绪敏感且波动性大的年龄阶段,对挫折和冲突的耐受性较差,遇到消极的事件容易情绪低落、悲观失望。对于这两个群体,诸暨技师学院从学习、生活、活动等方面对他们表示接纳,让他们感受到学校和老师的关注与爱护。与此同时,指导和支持他们做力所能及而有意义的工作,使他们积极投身于学习、生活、活动中,感受到人生的乐趣,敢于面对现实生活。

**相关链接·辅导案例**

### 克服自卑　重塑自信

[现象描述]

小F,男,17岁,高一涉外会计专业学生。他身材高大,体格健壮,是学校篮球队的主力,校运会上曾取得男子五项全能第一的好成绩,可是他很苦恼。因为小学、初中时没打好扎实的基础,加之学校篮球队又经常组织训练,所以学习成绩一直不如意,常常排名倒数。中考过后,看着自己的同学、好友一个个都进了理想的普高,自己却只能进入职高学习,他更自卑了。有一次上英语课时,小F被老师提问,可一问三不知,当时他很难过。课后又听到个别同学说他"四肢发达,头脑简单",他便更加无地自容。在他给我的信中这样写道:"我恨我自己怎么这样笨,恨自己不该长得这么高大粗壮,像一头笨牛似的。面对学习成绩不好的事实,这些年来我一直感到很自卑,感到自己在同龄人面前低人一等,尽管自己的个头在

班上是最高大的。黄老师，我一直以来都很佩服你，我为能成为你的学生而庆幸，请你告诉我，我该怎样才能摆脱这使人压抑的自卑呢？"

### [案例分析]

小 F 是一位自卑感较强的学生，在中学生中，尤其是职高学生中，这种情形不乏其例。自卑是一种典型的心理障碍。如果说自信是人生重要的精神支柱的话，那么自卑则是人生的腐蚀剂。自卑使人多愁善感，畏首畏尾，总是不相信自己的知识、能力和经验，失去成功的希望。自卑感还使人害怕与别人交往，限制了自己的活动范围，由此形成不良人际关系，反过来又会加深自卑感。长期的自卑心理也会引起生理上的不良反应，最明显的表现在消化系统和心血管系统方面；而生理上的疾病反过来又会影响人的心理变化，从而加重人的自卑心理。总之，自卑给人带来极大的消极影响，它会毁掉人的自尊心、自信心，消磨人的雄心壮志，泯灭人的进取精神，从而放弃对美好未来的追求，甚至自暴自弃，悲观厌世，走向堕落。

自卑心理产生的原因是什么呢？分析小 F 的情况，我们认为主要有三个方面：第一，缺乏成功的体验。大家知道，成功的经验是影响自信心建立的重要因素，而在实践中经常遭受失败和挫折，则是导致自卑感的根本原因。心理学的研究证明，人的需要、期望是不断发展的、永无止境的，但新的目标总要以现有的目标为基础。譬如登山，登上了 1000 米的高度就要向 2000 米进发，如果 1000 米尚未达到，甚至几经挫折，那么首先想到的高度就只能是 1000 米。这说明，一个人的成功经验愈多，他的期望也就越高，自信心也就越强。反之，一个人几次努力都失败了，他就会怀疑自己的能力，在挫折中盯住眼前的得失，难以自拔，形成自卑感。失败可导致自卑，自卑又会导致失败，从而互为因果，形成恶性循环。小 F 几次努力，可成绩始终上不去，于是他就怀疑自己的能力，并骂自己像笨牛似的，久而久之，就产生了深深的自卑感。第二，缺乏客观的期望和评价。缺乏客观的期望和评价是导致小 F 自卑感的第二个原因。小 F 的父母自身都有较高的文化素质，但由于种种原因，他们未能得到很好的发展，于是，他们把所有的希望都寄托在小 F 的身上，对小 F 学习上的要求也特别高。小 F 一旦达不到他们所希望的程度，他们便会大失所望，小 F 也慢慢地觉得自己不行。第三，自我评价的偏颇。自我评价的偏颇是导致小 F 自卑感形成的又一个原因。他不能正确地评价自己，过分夸大了自己的缺陷，总爱拿自己的短处比别人的长处，不能冷静地分析所受的挫折、正确地对待自己的过失。结果自怨自艾，失去了自信心，形成了自卑感。

### [干预策略]

**1. 成功体验法**

既然缺乏成功的体验是导致小 F 形成自卑感的首要原因，那么，要使小 F 建立起自信心，就要让他产生成就感。于是，在和家长多次协调的情况下，我们为小 F 制订了一个合乎实际能力的学习计划表，并把它分成许多子目标，让他每天完成一个任务、达到一个子目标，从中不断获得成功的体验。与此同时，响亮地提出“每门学科的每次考试(包括单元检测)都争取进步一名”的口号。这是一个通过努力完全可以达到的目标，而每一次达到目标的过程就是小 F 体验成功的过程。为了让小 F 能更多地体验到成功的喜悦，我又让他担任了班级的图书管理员，专门负责图书的借阅、清还工作。他做得很认真。我知道，当他为班级工作忙得不亦乐乎的同时，已经真切地体会到自己是一个有用的人。

**2. 情感激励法**

外界的贬抑性评价易导致学生的自卑，对孩子过高的期望也会加重孩子的心理压力，导致失败，反过来又进一步加重孩子的自卑。因而，对小F这样自卑的学生，外界需要给予更多的关心和爱护，对他取得的微小的成绩及时加以肯定，给他以爱的激励，让他时刻感受到大家庭的温暖，感受到老师、同学对他真切的关爱。

**3. 榜样鞭策法**

"榜样的力量是无穷的。"黄公平、王乐阳、翁佳斌、王朝晖、徐伟云、陶海英等一个个优秀毕业生的成功实例，给了小F极大的激励和鞭策，他切实地感悟到，只要自尊自强，振作奋发，职校学生照样可以有一番大作为。

**4. 自我训练法**

(1)引导小F坚持写日记。写日记是自我宣泄、自我调整的最佳方法之一。当遇到挫折时，可以马上在日记本上写出自己的自然想法，然后指出这种想法的错误所在，最后对错误的不合理的想法给予批判、驳斥。

如：

> 自然想法：我太无能了，一切都完了。
>
> 错误所在：这种想法极端片面。
>
> 合理看法：学习不好只反映我一个方面不行，其他方面我并不差，可以发挥我的优势成为有用之才。

(2)帮助小F掌握两种积极的心理补偿方法。其一，勤能补拙。"勤能补拙是良训，一分辛劳一分才"，知道自己在学习方面有缺陷，但不背思想包袱，以最大的决心和最顽强的毅力去克服所有的困难，这便是积极的有效的心理补偿。其二，扬长避短。生活中"失之东隅，收之桑榆"的事例屡见不鲜。"伟大的生命其实就是一部奋斗史，显示了借补偿作用而获得成就的可能性有多大"。所以说，人无完人，但天生我材必有用，只要下定决心,善于发掘自己的优点,定会获得成功,增强自信。

经过一段时间的尝试,小F发现自己正在慢慢改变看待事物的角度,不像以前那么偏激和悲观了,而能以比较宽容的心态从客观的角度来看待人和事,自己也就不会那么自卑了。“凭着我较强的动手能力和体育方面的天赋,走上岗位后我肯定也是能够有一番作为的。”想通后,小F自信地说。

[效果反馈]

如今的小F早已进入一家著名企业工作。据他的公司领导反映,小F不仅专业知识扎实,而且人也特别爽朗自信。单位里什么公益活动都争着参加,沟通能力、表达能力相当强,人缘也极好,公司员工无论老老小小都喜欢他。小F自己也挺有感触的,“要不是母校老师的关心、鼓励和疏导,恐怕这辈子我都走不出自卑的阴影!真的好感谢母校,感谢母校的老师!我会努力的!”听着他充满豪情的话语,看着他充满朝气的脸,我心里像吃了蜜似的甜。真的,还有什么比看到学生的进步和成长更让人高兴和喜悦的呢!

## 他终于完全走出封闭的自我

[现象描述]

小E,男,17岁,高一数控专业学生。他给人的第一印象就是沉默寡言,一副与世无争、与人老死不相往来的样子。进入学校后,其他同学很快熟识并建立了友谊,只有他独自看书、独自吃饭、独自往返于教室、寝室与食堂。他不止不爱说话,连脸上的表情都很吝啬。记得高一期中考试后,我去他家进行家访,他父母忙不迭地招呼我坐下,并把小E叫下了楼,可他除了看我一眼以后,就不再有什么表示。据他母亲介绍,小E在家中也不喜言谈，除了一个人在家里看看电视、做做作业外，最大的爱好是数米粒：舀上一大碗米，放于桌面上，然后一粒一粒慢慢地、全神贯注地数着。

### [归因分析]

小E患的是人际适应不良症，这种症状在中职生中比较普遍，只是小E表现得更为典型罢了。他想与人交往，却又怕与人交往，也不善于交往；他渴望友情，却不知道如何与同学、朋友友好相处；他渴望理解，却不懂得去理解他人。造成小E人际适应困难的原因主要有以下几个方面：过于孤僻内向的性格，害羞心理，自卑心理。听小E父母介绍，小E自断奶后，就被寄养在姑妈家，而姑妈又是个沉默寡言、不喜言谈的人，由于缺少学习语言、交流语言的环境，小E比同龄人说话迟，性格也早早地露出内向的端倪。上学后他回到了父母身边，可毕竟与父母分离得太久了，许多时候，虽然心里有万语千言，可话到嘴边却羞于开口。而小E的父母由于家庭织机生意经营不善而互相埋怨，可谓“三天一小吵，五天一大吵”，家里弥漫着浓浓的硝烟味，根本无暇顾及小E的感受。在这样的环境下，小E的性格日渐内向，而且产生了深深的自卑心理。

### [干预策略]

**1. 启发引导，使小E懂得人际交往的意义和原则**

像小E这样的中职生主观上缺乏社会活动的经验，也不懂得人际关系和社交的心理社会意义。客观上，学校教育也往往忽视学生的社交训练，学生不知道社交的基本原则与协调人际关系、展开人际交往、培养良好社会风尚的方法和技巧。因此，启发引导，让小E懂得人际交往的意义和原则是帮助小E克服人际交往不良症的第一步。

**2. 创设机会,让小 E 参与各种活动**

如定期举行班会,规定题目,让每个同学都上台演讲,时间为 1 至 5 分钟,或利用语文课时间,让学生上台进行即兴演讲。训练初期先让口头表达能力强、有良好人际关系的学生作示范演讲,以后要求人人参加演讲,对小 E 这样的学生则帮助其进行试讲练习,加以重点训练。当他在讲演过程中出现心理障碍、紧张、恐惧时,我总是热情地鼓励他勇敢面对,并教会小 E 用松弛法对抗自身的消极情绪。锻炼多了,小 E 开始变得自如起来,而且渐渐和班里的一群男生有了交往,并喜爱上了篮球运动。小 E 的专业课成绩特别棒,同学们说:“从不见你苦苦地学过,考出来的成绩却总是数一数二,你到底有什么法宝?”小 E 站起来挠挠头皮后,居然镇定自若地给大家说起了“一、二、三”。

**3. 真诚关怀,让小 E 感受到大家庭的温暖**

周末的一个傍晚,小 E 在回校途中不慎扭伤了脚,经人民医院江东分院检查后,才知道是韧带扭伤变形,并伴有小骨头碎裂。在不得已的情况下,小 E 只好住院接受治疗,可医药费贵得吓人,住院才四天,就花去了 5000 多元,而此后起码得再住半个月左右,他的家境本来就很不好,面对如此昂贵的医药费该怎么办?从学习上讲,期末统测在即,落下的那么多课程,又该怎么办?班内的“爱心特别行动”开始了。班长小周、副班长小陈首先出现在小 E 的病房里,住院的第二天,我和先生一起买了牛奶、水果特意去医院探望。我们是骑摩托车去的,因为学校距医院有一定的路程,当我们风尘仆仆赶到病房时,小 E 和他的妈妈都非常感动,同病房的病人、家属也非常感动。我们临走的时候,小 E 的眼睛湿湿的。第四天,团支部书记小黄、副书记小陆和小陈三人带着全班同学们捐赠的 1000 元钱,带着这几天的学习资料去医院看望小 E。我给小 E 写了封信,让小黄他们捎去,并告知他开学时的 500 元欠款已从班费里支出,让他安心养伤。听探视的同学回来讲，小 E 当时就吵着要一起回学校，因为医院里实在太寂寞了。一个星期后的傍晚，我正在食堂吃晚饭，传达室师傅匆匆跑来，说小 E 和他的妈妈来了，现在正坐在传达室。“怎么这么快就可出院了？”我忙不迭地叫几个男生一起去接小 E。同学们听说小 E 提前出院了，纷纷拥到了校门口，有的帮他拿东西，有的搀扶着他，小李同学还把他从楼梯口一直背到了四楼的教室里。因为小 E 是提前一星期出院，所以饮食起居都极为不便，照顾小 E 同学的任务就落到了小威、小伟等同学的身上。小伟作为该寝室的寝室长，欣然承担起负责小 E 生活的全部责任，小威作为小 E 的同桌，也作为班级的学习委员，则主动承担了帮助小 E 补习功课的任务，其他同学也非常热心，都争着想为小 E 做点什么。一个月后，当小 E 能自如地行走的时候，已经和大家完全融合在一起了！

### [效果反馈]

现在的小 E 已经完全走出封闭的自我，每每看到他和同学们一起讨论问题或在课间说说笑笑的时候，我总是感慨万千，由此也更加坚定了我的教育信仰：一个合格的教育者，在传道授业解惑的同时，更应担负起教会学生做人的职责，诚如联合国教科文组织在《财富蕴藏其中》一文中所要求的，不仅仅让学生“学会认知”，还要教他们“学会生存”“学会做事”“学会共同生活”。

# 第四章 我的舞台我作主

十年树木，百年树人。如何树人，树怎样的人，是关系到一个民族、一个国家发展和命运的百年大计。当今学生的接受事物之迅速、观念之新、个性之飞扬都为学校的教育提出了新的挑战。新时代呼唤着新教育，学校应当为学生提供适合其兴趣及发展的开放性学习空间，搭建一个能让他们充分展示自我、发展自我的舞台，并且让学生在新的空间和舞台上能不断丰富自身的“硬实力”，同时引导学生之间建立合作关系，消除心理障碍，为学生的成长与发展营造一种宽松、民主、和谐、温馨的探索氛围，让学生自我展示的主体性得以体现，学生探索的自主性得以尽情发挥。

**【成长加油站】**

### 从不敢上台到争相多次演讲

——《集体与我》演讲比赛侧记

听说要在新学期开学不久的第六周举行以“集体与我”为主题的演讲比赛，同学们在兴奋之余，不禁又面露难色。

是啊，演讲毕竟不同于往常的发言，说句大实话，许多同学除了偶尔在电视上看到过演讲之外，根本就不懂究竟何为演讲，更不要说上台亲自演讲了。何况进入职高不久，很多同学彼此都陌生，集体凝聚力还没形成，“在新同学面前出丑那可比什么都让人感到难堪”，同学们心里直犯嘀咕。

其实，这也正是詹老师决定举行“集体与我”演讲比赛的初衷。一来是这个集体刚刚组建，很多同学都可能不太了解自己与班集体到底有没有关系？自己的做法是否会影响到班集体的荣誉？谈到与祖国、与社会、与人民的关系，就更是渺茫，为此很有必要在开学伊始举行一次“集体与我”的主题班会，以提高同学们的集体意识、服务意识和奉献意识，并将这种对班集体的浓厚感情升华到对祖国、对社会、对人民的热爱中去，同时增强班集体凝聚力，形成良好的班风班纪，塑造团结奋进的班级精神，营造积极、乐观、上进的班级氛围。二来是未来社会需要各种高素质人才，演讲比赛正好能综合培养学生的各种素质和能力。

为此詹老师一方面想方设法消除同学们那种“出丑不如歇手”的胆怯心理，鼓励大家积极上台演讲，另一方面利用语文课时间，传授有关演讲的知识。为防止出现演讲冷场局面，在布置每个同学认真撰写《集体与我》演讲稿的基础上，詹老师又指定召开小组讨论会议，要求每个小组推荐 1～2 名代表上台演讲。与此同时，紧锣密鼓召开演讲筹备会议，从评委人选到评比细则，从环境布置、气氛营造到具体的细节问题，逐一推敲、商议。

演讲比赛终于就要开始了！只见教室正前方高高地张贴着醒目的八个大字：团结、进取、勤奋、创新——那是班里师生共同拟定的班训，是全班同学的智慧结晶，渗透着每一位同学的集体责任感。教室后面主题为“新学期、新集体、新风貌”的班报为大家树立了新的目标，提出了新的要求。教室两面的墙壁上挂着四张富有感召力的条幅，那是詹老师作为班主任赠送给每位新集体成员的礼物。其一是：高一(3)班是你的，也是我的，是我们大家的；其二是：别忘了你的责任，事无巨细，尽己所能，为高一(3)班的建设和腾飞奉献自己的真情、智慧和汗水；其三是：别忘了高一(3)班会因为有你的爱而自豪，你也应该自豪，因为你生活在爱你的高一(3)班；其四是：要记住，人格的背影时时倒映在你的人生旅途中，在微不足道的细枝末节里。

在这浓浓的氛围中，主持人上场了！听，那富有激情的话语是多么具有感召力。

“在一个多月的高中生活里，我们每天都在感受着你，无论欢乐与痛苦、坎坷与成功，我们一直维系在你身边，时刻不曾离开。你是无形的，而我们却感受得到你的存在；你是无声的，而在你的胸怀里藏着无数的赞美与喜悦；你是透明的，而我们却让你放射光彩；你是温暖的，让我们永远享受你的鼓励与关怀。

如果你是大海，我们就是组成你生命的每一滴水。是的，我们的点点滴滴装饰着你的美丽的灵魂。你，就是我的集体，我们深爱着的集体，‘集体与我’演讲比赛现在开始。”

在同学们热情的鼓掌声中，小组代表开始上台演讲。如果说开头一两位同学演讲时还略略有些紧张的话，那么到后来，伴着同学们的一阵阵掌声，代表的演讲越来越放开，也越来越精彩。当最后一位代表结束他慷慨激昂的演讲时，评委小何激动地从席位上站起来，“老师，我可以上台演讲吗？我不要求评奖。”我一愣，随即爽快地答应：“能！当然能！”小何的上台无疑把整个比赛推向了又一个高潮，在他演讲之后，同学们一个个踊跃上台，甚至多次上台，连胆怯、害羞的伟信和佳萍也按捺不住心中燃烧的激情，两次勇敢地上台演讲。

45 分钟的班会课下课了，可同学们意犹未尽，纷纷要求把课外活动时间改为班会课继续演讲。

望着一张张年轻而充满豪情的脸，詹老师的心中同样充满了激情。是啊！高一(3)班是我们的骄傲、我们的自豪，她的独特魅力深深打动了我们每个人的心房。

“集体与我”演讲比赛在进行了整整 100 分钟后终于结束了，可每个同学仍沉浸在美好的回忆中，每位同学的脸上都洋溢着幸福的笑容。

## 第一节　超越常规

空间是一个哲学性的术语，意味物质存在的广延性。从字面上理解，学生活动空间一方面指学生在校参加活动的机会，是一种可见的外部环境；另一方面又可指学生对活动的心理容纳度和融合度，是一种潜在的内部环境。

中职学校的学生在初中阶段一般是班上的后进生，由于学习成绩不佳，缺少教师的关注，导致了心理自卑，不愿意甚至不敢展示自我，久而久之逐渐封闭自我。因此，中职学校的育人工作应当以敞开学生心扉，引导学生展示自我能力、风采、个性为育人重点，从而推动学生个性成长。

思　考

### 以育人为本的“空间艺术”

空间在学校教学育人中具有重要而特殊的意义。学校教育中时时处处都涉及空间问题，合理的学校教育空间有利于学校德育工作的推进。然而现实中却存在将复杂教育空间简单化的倾向，结果造成了空间侵犯、空间拥堵、空间浪费等问题，进而阻碍了教育的健康发展。

校园是教书育人的场所，是学生走向社会的桥梁。由于其建筑性质的特殊性，校园空间设计除了要满足安全、实用、美观的要求外，更需要重点突出育人功能，并体现为以下几个特征。

## 一、彰显教育的价值性

美国全国中学校长联合会执行董事斯考特·德·汤姆森曾指出："今天，人们正在重新认识学校空间与环境的意义，因为学校空间不仅是学生获得良好学业成绩的关键，同时也是学生形成积极的人生态度的重要因素。"正如我国北齐颜之推所说："与善人居，如入芝兰之室，久而自芳；与恶人居，如入鲍鱼之肆，久而自臭。"由此可见，营造一个积极的学习环境和空间就意味着为学生、教师、学校管理人员进行富有成效的学习、工作及合作、沟通提供了良好的场所。

学校空间的教育价值性是一项十分显著的特征，不论是隐性空间还是显性空间，都会对学生的心理世界产生潜移默化的影响。苏联著名教育家苏霍姆林斯基也曾指出："孩子在他周围——学校走廊的墙壁上、教室里、活动室里、寝室里——经常看到的一切，对于他精神面貌的形成都具有重大的意义。"由此可见，学校环境及空间所具备的教育价值性决定了其空间和环境的布置与设计应当充分考虑对学生个性发展的影响，建设成为有利于学生心理健康成长和专业技能进步的育人空间。

## 二、体现影响的渗透性

学校的空间环境对学生具有全面渗透影响的作用，且主要体现在两大方面：第一，学生身处在校园这个大空间里，不论是课堂、课余活动或者是课间休息时，学校空间的影响无时不在、无处不在，不停地在发挥作用，尤其是在各种隐性教育中所体现的育人作用；第二，环境及空间的影响是潜移默化的，环境对学生的影响作用不是通过有目的的说教或管束来进行的，而是通过多方面的心理影响来体现的。如学生行为规范和良好习惯的养成、正确态度与观念的形成、积极情绪情感的培养等，都是在长期的环境熏陶与空间感染的过程中，耳濡目染、潜移默化，逐渐形成并强化的。

## 三、注重个别差异性

世界因不同而精彩。学校环境及空间之间的差异就好像不同个体之间的差异一样，是一种普遍存在的现象。这种差异一方面会体现在学校外部环境，即硬环境上。一所学校的校容校貌等物质环境会因其发展历史、所在地区的文化背景、经济状况、气候条件、学校负责人的价值取向及审美修养等因素而表现出普遍的差异。另一方面也会表现在学校内在气质上，即学校的发展目标、工作态度、精神面貌、舆论风气等软环境上。一所学校因其领导者的教育理念、文化修养、性格特征、领导风格、教职工队伍的素质、学校的发展历史及其已有的传统等方面的差异，也会使学校在软环境和空间的建设上表现出各不相同的特点和特色。而这些差异最终都会在学生个性、能力的形成与发展中体现出来。

诸暨技师学院作为一所培养高技能人才的中职学校，深知学校的育人空间绝不仅仅在课堂、教室这些常规性场所，更在校外实训基地以及“第三空间”。一方面出于提升学生专业技能的需求，另一方面则是出于丰富和发展学生个性实力的需要。学校不断延伸育人空间维度，为学生的成长与发展创造了更多更广、打破常规的空间。

**探　究**

### 开拓“育人空间”，提升学生“硬实力”

“硬实力”是指一个人的专业知识与技能，对中职生来讲，则是通过职业教育培养形成的面向生产、建设、管理、服务一线所需的技能实力体系。“硬实力”主要体现为“怎么办”和“如何做”的多元组合技能实力体系。为提高学生的技能“硬实力”，诸暨技师学院以课堂知识教学和校内实训为主，同时不断向外开拓育人空间，即建设校外实训基地，进一步提高学生的专业技能实力，让学生“有料”展示。

## 一、校内实训基地建设与扩展

专业技能素质作为中职学生核心素质的重要组成部分，在学生未来就业和职场发展中起着至关重要的作用，是一个人“硬实力”的重要支撑，是学生核心竞争力的关键因素之一。

### （一）加大实训基地建设，提高实训课的效率

“事必有法，然后可成；师舍是则无以教，弟子舍是则无以学。”说的是教学方法与教学效率、质量关系密不可分。因此，教师要采用灵活多样的教学方法和开展多元化教学活动，培养学生的动手能力、实践能力和解决实际问题的能力，让学生在“真刀实枪”的环境中演练。

当然，中职课程加强实践环节不单单是实践课程的比例增大，更是从根本上由传统的学问导向课程模式向实践导向课程模式转变，切实有效地进行技术理论知识的教授和技术实践能力的训练。为加强学生的技能实训，诸暨技师学院投入千万资金建成了 16 个校内实训基地，建筑面积达 2.5 万平方米，实训工位 3290 个，实训课开出率达 100%。2017 年 6 月，学校对实训楼一楼进行了加层加固改造，进一步扩大了数控、汽修专业的实训场地，并添置了相应的实训设施设备，均为高端装备制造。其中加工中心、数车、数铣、智能电器维修实验台等设备均领先于诸暨中型机电企业。学校不断扩大的实训基地和场所，保证了学生实践动手时间和理论学习时间真正达到了 1∶1。

**表 1　诸暨技师学院的 16 个校内实训基地**

| 序号 | 实训基地 | 所属实训室 |
| --- | --- | --- |
| 1 | 数控技术应用实训 | 数控实训工场、加工中心、三坐标测量室、普车实训室、钳工实训室、教学楼 B102 机房 |
| 2 | 机电设备安装与维修实训 | 钳工实训室、普车实训室、普铣实训室、机械设计陈列室、液压气压实训室、钳工装配实训室、教学楼 B104 机房、PLC 实训室、维修电工考核室 |
| 3 | 机械加工技术实训 | 普车实训室、钳工实训室、钳工装配实训室、三坐标测量室、焊工实训室、数控实训工场、教学楼 B106 机房 |
| 4 | 机电技术应用实训 | 普车实训室、电气安装实训室、加工中心、气泵房、砂轮机房、下料间、数控实训工场、焊工实训工场、机械设计陈列室 |
| 5 | 电气运行与控制实训 | 电气安装实训室、电工安全急救实训室、维修电工考核室、电气排故实训室、PLC 实训室、工业机器人 PCB 异形插件工作站 |
| 6 | 电子电器应用与维修实训 | 单片机实训室、家电维修实训室、维修电工考核室、电子装配实训室 |
| 7 | 电子技术应用实训 | 电子装配实训室、光机电一体化实训室、工业机器人 PCB 异形插件工作站 |
| 8 | 汽修运用与维修实训 | 汽修实训工场、汽车电气设备实训室、汽车拆装实训室、焊工实训工场、实训楼 A503 机房（汽修仿真）、实训楼 A505 机房（汽修仿真） |
| 9 | 国际商务实训 | 实训楼 A601 机房、实训楼 A605 机房、财经商贸综合实训室（A704） |

续表

| 序号 | 实训基地 | 所属实训室 |
| --- | --- | --- |
| 10 | 会计实训 | 会计电算化实训室（A702）、财会实训室（A604）、财会沙盘实训室（A705）、财会模拟实训室（A701） |
| 11 | 文秘实训 | 财经商贸综合实训室（A704）、实训楼 A605 机房 |
| 12 | 电子商务实训 | 电子商务实训室、实训楼 A602 机房、实训楼 A603 机房、电商创业园(育才 1 号电商创业园) |
| 13 | 中式烹饪实训 | 热菜示范室、热菜操作室(2 间)、面点制作实训室、刀工操作实训室 |
| 14 | 酒店服务与管理实训 | 餐饮服务实训室、客房服务实训室 |
| 15 | 美术创作实训 | 美术教室、美术室(共 3 间)、王冕艺苑、原石加工车间、美术作品展示室 |
| 16 | 计算机应用实训 | 实训楼 A607 机房、实训楼 A605 机房、计算机网络实训室（A606）、教学楼 B207 机房、教学楼 B206 机房、计算机动漫制作实训室、综合布线实训室 |

**【相关链接·学生感受】**“纸上得来终觉浅，绝知此事要躬行。”这句诗早在读小学时就会背了，但真正领会其意思，还是在进入实训车间后。可以说，没有充分的时间进行实践，要提高动手能力和操作能力纯粹是一句空话。练技术活，靠的就是熟练，“熟能生巧”这古训，一点不假。

### （二）“行走的班级”，提高学生技能学习针对性

众所周知，中职教育是建立在以市场为导向、以社会需求为宗旨的基

础上的，其目的在于培养出具备强实力、高水平的高技能人才，因此学校始终以高技能人才的培养为落脚点。鉴于中职学生存在学业基础差、知识掌握程度参差不齐的现状，学校灵活采取了“走班制”的教学模式，即学校将教学行政班级按照学生的学习基础、兴趣爱好、专业特长、发展方向、学习态度等不同标准，划分为A、B、C三个不同的层次，组成动态教学班。原行政班保持原班级编制不变，学生仍然在行政中作为集体的一员参与活动，接受学校的管理。

在划分班级之前，学生必须先选择所学专业模块的内容，明确目标要求，找到自身的定位和日后职业发展的方向，使得学生能在课堂教学的选择上，根据自己的需要有针对性地进行选择。

**【相关链接·学生感受】**不用再担心上课听不懂、跟不上，也不用烦恼懂了的东西一遍遍炒冷饭，动态班的最大好处就是比较“对胃口”，也有利于自身的专业发展。老师介绍说，这种模式叫“走班制”，已经实行好些年了，这个成果还获过浙江省人民政府颁发的职教成果一等奖。

除了学制的灵活变动外，学校还改革了专业技能考核模式，利用每学期一次的专业大型技能运动，要求学生全员参与，所有专业采用技能分阶段目标考核制，鼓励学生专业技能一次性达标。

**【相关链接·学生感受】**要想将来有一份不错的工作，必须狠练基本功。分阶段考核，让我们一步一个脚印，扎实前进，我们感觉比较踏实，有盼头。

## 二、开放性办学，开拓校外实训基地

校外实训基地是学校深入开展校企合作办学，加强内涵建设，提高办学软实力的重要途径。校外实习基地是充分利用企业生产与经营的软硬件资源，重点培养学生专业技能与职业素质的实践教学场所。学生在校外实习基地进行顶岗实习，在实际工作中教育自己，掌握未来就业所需知识和职业技能，培养自身的职业素养，储备强大的“硬实力”。

从某种意义上说，企业参与人才培养的程度越高，所培养出的人才规格就越贴近企业的需求。为此，学校与海亮集团、万安集团、盾安集团、菲达集团、耀江开元酒店、富润印染等数十家大中型企业融合办学，把企业用人标准与学校培养目标结合起来，使企业真正有机会参与学校课程的开发和实施，并且企业也成为学生的校外实习基地。学子们深入工厂一线、深入企业实地，在与一线工人共同钻研技术、切磋技艺的过程中，也把优秀的企业文化引进校园，让学生在实践活动中动手锻炼，强调学生的主体性。一方面促进了学校与社会之间的资源共享，有效整合并提高了资源利用的效率；另一方面在深化校企合作的基础上真正实现了人才培养与企业需求之间的无缝对接，让学生日后走上工作岗位兼具自信与实力。

**【相关链接·学生感受】**同样是进车间实践，感觉到与工人师傅在一起和在学校的实训车间练习还是不一样的。怎么说呢？就是觉得自己将来可能就是这个企业的一员，无形当中有一种动力，学得特别起劲。都说进入企业实习，就等于进入社会，我们虽说还远远不到实习期，但我们却已经早早地进入企业了，也相当于早早地进入社会了，学技精技的同时，也促进了我们的成熟。

## 三、挖掘“第三空间”，促进学生个性成长

“第三空间”是美国社会学家雷·欧登伯格提出的一个概念，最初是指相对于居住、工作的第一、第二空间而言，人们放松、交际、娱乐、思考的场所。对学校而言，“第三空间”的开拓有着不同的意义，校园首先是一个育人场所，其所有空间，包括校园环境、教室、寝室等都应该是围绕“育人”这一核心目标来展开设计的。基于这个前提，学校育人“第三空间”的打造，不仅是要扩展校园物理空间，更是要打造一个集自由交流、无拘束活动、休闲放松、师生互动、人际交往的多元化平台。

诸暨技师学院深知“第三空间”对于培养学生实力，引导学生展示自我的重要性，不断开拓新的空间，除了图书馆和阅览室这些特定的“第三空间”场所，学校还进一步延伸空间，完善并建设了如形体馆、乒乓球馆、电视台、广播台、休闲吧、王冕艺苑等场地。

形体馆配置了把杆、落地全身镜、舞蹈地板、室内专业音响、公放电视、地毯等硬件设施，满足了学生的身韵训练、舞蹈训练、基本功训练的需求。同时，形体馆模拟社交礼仪场景，如日常礼仪、社会交际礼仪、介绍礼仪等，旨在塑造学生体态优美、举止得体、充满自信的外在与内在气质。

乒乓球馆的面积达到了一个篮球场的面积大小，内设有 16 张球桌，并由学生自主管理委员会进行管理。

电视台和广播台全部按照诸暨市地方台的标准搭建，主要由演播室、视频、音频、导播切换虚拟系统、录制编辑系统和网络流发布平台、媒体资源管理系统几大部分组成。

王冕艺苑拥有 8 间创作室，面积达 500 平方米，设备价值 20 万元，是融书画、石刻艺术于一体，开设书法、绘画、篆刻、雕刻四大培训项目之地，配有 12 名校内外指导教师。此外所需主料花乳石均由师生在原矿地自行采集、自行裁割、自行设计、自行篆刻雕刻。

除了对上述场馆及空间进行开拓，诸暨技师学院还设有文学馆、心理教室、救护中心、社团中心等，为学生的个性实力成长开辟了全新的空间，让学生能在这些空间里完善自我才能，为提高自我展示能力储备实力。

## 第二节　玩出“花样”

如何育人？这是很多学校都在思考的问题，有的学校奉行“分数至上”的育人原则，把“为分数”变成了单一的“唯分数”，教育被简化成了教学，教学被简化成了分数，这种“唯分数”的教育是一种没有温度的教育。教育应该有比分数更为重要的东西，应当“保证基础、发展个性、开发潜能、多元发展”。

思 考

## 活动育人的重要性

学校的活动是学校教育教学活动的一个重要组成部分，尤其是对职业院校而言，良好的活动组织对学校的教育教学工作将起到很大的推动作用。通过创设丰富多彩的学校活动平台，形成积极向上、生动活泼的校园活动氛围，以情境吸引人、熏陶人、感染人，对学生的心理品质产生潜移默化的积极作用，让学生在活动中发现与培养自己多方面的兴趣、能力以及创造力，从而有效地促进学生心理的健康发展。

### 一、培养学生自我意识的摇篮

作为学生资源参与并组织的活动势必会成为学生“认识自我、展示自我、发展自我”的舞台，在激发学生“自主潜能”、强化学生的“自我意识”方面发挥了有效作用，是学生进行“自我教育”的有效途径。

针对学生自身强烈的自我发展意识和自我展示的欲望，激发学生的主动性，通过组织学校活动，变“教师需要”为“学生需要”，从学生自身发展的需要、自身特长、兴趣和爱好来组织并开展活动，需要什么样的人来参加、邀请谁作指导等，都由学生自主决定，大大激发了学生的积极性和主动性，并保证了学校活动育人的针对性和实效性。更重要的是学生在组织活动的过程中，激发了“自主潜能”，强化了“自我意识”，提高了“自我服务、自我管理”的能力。

## 二、活动提高学生的适应性

实践活动是智力和能力发展的源泉，也是培养学生适应能力的助推器。强大的适应能力，包括对自然环境和社会环境的适应能力。具有强大适应能力的人，在面对学习、生活中的种种困难和挑战，面对各种难以预料的刺激时，能正确调节自己的心态，妥善处理各种问题，适当地对各种刺激作出回应。

学校组织的各类实践活动都具有很强的实践性，特别是学生在学校活动主体目标下自己策划、组织的活动，学生主体参与的积极性特别高涨。它为充分发挥每一个学生的潜能、充分张扬每一个学生的个性，提供了有效的载体。学生可以在主动参与一次次组织实践活动的挑战中，得到人文精神的浸润、心理素质的磨炼、适应能力的培养。

## 三、活动是强化学生意志力的重要平台

意志是人们自觉克服困难去完成预定的目的任务的心理过程，是人的能动性的突出表现形式。如果说，认识是外部刺激向内部意识事实的转化，那么意志就是内部意识事实对外部动作的支配或调节作用。意志最突出的品质就是克服困难、锲而不舍。学校实践活动具有鲜明的非强制性、非压抑性特征，因而它在很大程度上满足了学生张扬个性的心理需求，极大地激发了学生主动参与的积极性。

## 四、培养学生的成就感，增强学生的自信心

学校实践活动，给学生提供了自我实现的机遇。每个学生都有自己的潜能，即使是偶然的活动机会也常常使学生在一定程度上发挥了自己的潜能，从而使学生对自己有了新的认识，激发其成就感。不断增强学生的成就感，容易使学生消除逆反心理，减轻心理压力。而心理压力的减轻

有助于提高主体参与的积极性和自我实现的程度。如此经历不断的良性循环，学生的情绪稳定、情商跃升，在提高成就感的同时，也培养了自信心。

自信是一个人对自我的认识，对自身力量的估计。自信心是一个人对自我认识的价值表达，相信自己可以完成某件事并且实现目标。学校实践活动为每位学生提供了自我实现的舞台，为每一个学生创造了体验成功的机会。一次比赛的取胜、一项科技小制作的获奖、一次演唱的成功、一次演讲的夺魁，都能使学生获得成就感和喜悦感，从而激发学生的自信心。学生在实践活动中，没有心理压力，即使是竞技活动，也是“友谊第一、比赛第二”的适度竞争，学生的身心是完全放松的，越是这种放松的大环境，越是能发挥出自己的潜能，创造成功，在不断成功中增强自信心。

## 探究

### 多元平台，全方位展示自我

教育要走进学生的心灵。教育只有深深地打动学生，引起学生心灵深处强烈的共鸣，才是成功的教育。

对于中职学校的学生而言，要培养学生良好的行为习惯，培养学生良好的个性和心态，仅仅依靠枯燥的正面引导和说教，其效果欠佳。五彩的生活和生动、有趣的活动，将在人的大脑中留下深深的痕迹，特别是他们乐意接受的东西，就会记得住、记得牢。由此可见活动对于育人的重要性。抓住活动、组织活动，就是抓住了教育的最好契机。

故而，诸暨技师学院坚持在活动中育人，为学生创设各类活动平台，科学合理地安排丰富多彩的活动，让学生在活动中得到锤炼，让学生在活动中展示自我，让学生在活动中增长知识，让学生在活动中提升自我成就感和自信心。

## 一、展示专业实力

实力是最好的名片，对中职学生来说，尤其如此。专业技能实力的展示与认可是对学生最大的肯定与鼓励，也是学生找回失去的自信心、秀出精彩自我的重要途径。

诸暨技师学院作为一所致力于培养社会及产业所需要的高技能型人才的中职学校，始终将学生专业技能的培养放在重要位置。为了让学生能秀出自己非凡的专业实力，重拾信心，以更好的姿态和精神面貌走上工作岗位，学校组织并举办了多种以“展示技能、凸显实力”为主题的活动，如技能运动会、家长开放日、决战双十一等。

### （一）技能比武，人人出彩

为了给学生提供更好更大的展示技能的舞台，学校自 2015 年国家启动“职业教育活动周”计划以来，连续四年组织了技能运动会。四年来，学校每一届的技能运动会都有着不同的职业教育理念。为了全面落实全国职业院校学生技能大赛和浙江省中职课改的有关要求，在开设的机械工程系、电气工程系、财经商贸系、餐旅服务系和信息工程系五大类专业领域内，设置了二十余个比赛项目。每届技能运动会持续时间大约为一个月，通过初赛、决赛重重比拼，大批的技能好手不断涌现。一方面为全体学生提供了一个个鲜活的学习榜样，另一方面也为学生展现专业技能实力提供了舞台和机会。各个专业前三名的选手将获得推荐就业、最美学生、技能之星、奖学金等项目的优先权。

除了常规定期的技能运动会，学校还会根据每个学年的工作情况，不定期举行相关专业技能比武活动。2016 年，诸暨技师学院承办了诸暨市全民终身学习活动周活动，并举行了烹饪专业学生技能比武大赛。由学生自主选择创新菜品，以五人制小组为参赛单位，学生各显其能，充分发挥了自己的专业技能。这些活动在提升学生综合素质的同时，也检验了教师的教学成果。此外，为了进一步增强广大学生对技能人才政策的了解，学校还组织开展了在“浙江技校”微信平台上参与“技展宏图”政策知识竞答的活动。学校通过动员大会、班级宣传、校讯通等方式，积极组织学生参与活动，让学生对技能人才政策有了一个较为全面的了解和掌握。

### （二）社会开放日活动，让外界看见你的实力

面向社会开放校园，让家长及社会各界人士进一步了解职业教育、了解职校生，打破社会对职校生和中职教育的固有印象，有助于提高社会对职校生和中职教育的认可。

为此，诸暨技师学院自举办技能运动会以来，每年都设立了“家长开放日”主题活动。在校生家长和有意愿前来报名就读的准新生家长齐聚在学校多媒体报告厅，听取学校介绍和工作汇报，并且在专业教研组长、班主任陪同下参观学校的数控、汽修、烹饪、美术等专业实训工场，并体验别出心裁的“亲子互动”活动。学生指导家长进行简易操作，并向家长简述工作原理、操作注意事项等，家长变成学生，向孩子请教。角色转换之间，体现的是学生的专业水平。该主题活动不仅能够增进家长对学生的了解，也能让学生收获家长的认可。

除了让学生收获家长的认可，学校还将舞台搬出了校外，积极参与每年的“绍兴市职业教育成果展示活动”，将机械、电子、烹饪、工艺美术四大专业的百余件学生作品亮相于展台，同时还安排学生为在场观众现场展示了烹饪雕花、面点制作、版画、扇面画、石刻、石雕等拿手绝活，用自己娴熟的专业技能和良好的精神风貌展示了诸暨技师学院学生过硬的专业素养。

### (三)决战“双十一”,电商专业在行动

“双十一”起源于2009年,经过近十年的发展,现已成为全民网购狂欢节,同时也成为电商行业的年度盛事。2015年,浙江长生鸟集团携手上海网萌公司、ARTKA官方旗舰店、安莉方旗舰店、杭州界内电商公司等多家电商单位与诸暨技师学院联合开展了“现代学徒制”教育实践。

2015年、2016年的“双十一”“双十二”期间,200多名电子商务专业的学生客服参与这场狂欢盛事,如期完成了合作企业原定的营销目标,受到了校企双方的一致认可和好评。学生和工作人员共同接受客服常见问答、客服软件操作等内容的培训。两年的“双十一”“双十二”实战历练,使电商专业的学生提高了专业技能,也为学生展现自我专业技能创造了平台与机会,让学生真正感受到了企业的工作氛围,为今后的升学和就业打下了坚实的基础。

2017年5月,学校再度与绍兴扬梦网络公司合作开展“现代学徒制”实践合作,80多名电商学子参与了“京东618”活动。

## 二、展示个人风采

学生的个性化成长是现代教育发展的主流,当前各个学校正努力为学生创造更多个性化成长的舞台。尊重和发展学生的个性生命,意味着教育本质的回归。早在2000多年前,孔子就提出了“因材施教”的教育思想,提倡学校育人要正视学生的个体差异。

诸暨技师学院注重克服教育的完全趋同、整体划一的弊病,为每一位学生提供个性化选择的机会,让每一位学生的个性和特色得到成长和发展。

### (一)开展“红五月”活动

一是学生大合唱比赛。为丰富学生课余生活,努力营造和谐向上的校园文化氛围,学校团委于每年的 4 月中旬到 5 月中旬举行了“唱响红五月”诸暨技师学院大合唱比赛,共有 53 个班级组队参赛,既展职教学子之歌喉,更展职教学子之风采。

二是环保漫画作品征集。部分班级参加了学校团委组织的学生环保漫画征集评选活动,环保漫画参赛作品以“我想要的生活”为主题,旨在弘扬生态文明、普及环保知识、赞扬家乡之美、针砭环保时弊。

三是青年志愿者美化校园。在诸暨市公布的第二批“美丽校园”评比中,诸暨技师学院榜上有名。这一称号不仅要争创,更要维护。在五四青年节来临之际,诸暨技师学院的青年志愿者们用实际行动展现了青年学生的活力和热情。他们带着扫帚、垃圾桶等清洁工具,有条不紊地分工协作,辛勤打扫,清除校园垃圾及卫生死角,为创建美丽校园尽了一份力!

### (二)特色活动及主题班会

学校依据职校生的年龄、心理特点,根据学生的兴趣爱好,尽可能多地设计和组织内容丰富、形式新颖、针对性强、具有实效的系列训练活动,寓教育于活动中,让学生眼看、耳听、口说、手动、脑想,使他们在自己感兴趣的活动中潜移默化地接受教育,优化心理素质,同时发展自己多方面的能力。

一是通过活动的特色口号、班旗班徽设计、班歌班训的征选、班规班纪的制定、元旦文艺表演以及“国庆”书画展等各类活动,为学生展示自己的成绩、特长和优势提供场所和机会,从而增强学生自信、培养学生大胆展现自己的能力。

**【相关链接·学生感受】**我觉得每次活动都是灵魂深处的一次革命:

发现自己变得关心班级情况了,发现自己融入新集体中去了,发现自己胆子也是蛮大的,发现自己并非一无是处的,发现自己一点点在进步,发现自己是重要的存在,发现自己爱说爱笑爱表现了,发现与人沟通、与人合作并没有想象中困难,发现自己也可以组织一场像模像样的活动。

二是教师利用语文课或是主题班会时间,组织各种形式和主题的辩论会、演讲赛,对学生普遍关注的热点和焦点问题进行探讨,以此来培养学生敏捷的思辨能力、严密的组织能力和当众演说的能力,要求学生畅所欲言,尽量人人参与。

**【相关链接 · 学生感受】**原来模糊的认识变得清晰了,原来纠结于胸的诸多疙瘩、烦恼、困惑渐渐化解了。发现自己挺有思想、挺有激情的,胆子越来越大了,思维越来越敏捷,说话也越来越有条理了。我喜欢现在的自己!

## 三、展示实践服务能力

著名教育家陶行知先生曾说:“真正的教育应该是教学做合一。”教育和育人都要与实际相结合,要与日常生活相联系,在实践中求真知,在实际生活中探求真理、检验真理。对职校生来说尤其如此。

诸暨技师学院深谙此理,故而将活动不断向校外延伸,开展寒暑假社会实践活动、青年志愿服务活动,让学生走出校门、走向社会,向更多的人展示自我、展示职校生的风采与能力。

### (一)开展寒暑假社会实践活动

寒暑假期是一次很好的实践教育活动时段。学校要求学生充分利用寒暑假的锻炼机会,通过组织社会调查、倡议宣传、勤工俭学、便民服务、义务劳动等形式,积极自觉地参与社会实践活动,并及时进行活动总结,完成社会实践活动报告。

### （二）开展青年志愿者服务活动

学校成立了青年志愿者协会，组织学生开展青年志愿者服务活动。借助诸暨市当地组织的茶文化节、妇女节、商洽会、篮球比赛等大型活动，为商贸旅游系的学生提供参与礼仪接待服务工作的平台。利用学雷锋日、植树节、环保日等，走出校门、走上街头，开展志愿服务活动。

学校团委组织学生干部、团员、青年志愿者们共同开展了“学雷锋，我们在行动”卫生清扫活动，重点清理、整治学校周边区域的公共卫生并组织志愿者开展植树倡议活动。此外，学校还大力组织开展了“文明的节日——春节、元宵、清明、端午、中秋”主题活动，大力弘扬中华民族优秀传统文化，充分挖掘中华民族传统节日中所蕴含的深厚的文化内涵，在丰富市民群众文化生活、推动美丽诸暨建设的同时，也增进了学生对家乡的了解与热爱，增强了他们热爱家乡、建设家乡的责任心和凝聚力。

## 第三节　自我的“发声练习”

美国心理学家埃里克森将人的心理发展分为八个阶段。职校生正处于其中最为重要也最为复杂的阶段，这个时期的基本任务是发展自我认同感，即通过青少年自己的探索与成人的指引，个体最终能找寻并认识自我。由于青春期的到来，以及受到即将成人而成人角色未确定等客观条件的限制，青少年将会经历较长一段时间的自我探索与实践。在这一阶段，学生需要更多的机会来发出内心的声音，释放自己，让自己的天性得到解放。

思考

## 颠覆传统，打造以学生为主体的“生态课堂”

自我表达技能的发展是青少年自我发展的重要内容，对促进青少年的自我发展与社会适应也有着重要作用。中学阶段是学生个体身心发展尤其是自我发展的一个关键阶段，“自我中心性”的再次出现使得中学生独立意识增强并开始追求成人感。

45分钟的课堂作为教学育人的主阵地，已不再是传统教学育人模式中的传道、授业、解惑阵地，而应该被赋予全新的含义。教师应积极创设能引导学生主动参与学习的教学环境，激发学生学习的主动性和积极性，培养学生掌握和运用知识的能力，使每个学生的人文素养和专业素养都得到不同程度的提高。这样的课堂将变得更加平等、民主、和谐，更加注重发挥学生的主体作用，更加充满趣味、开放、交流及成长与智慧的气息，即“生态课堂”。

“生态课堂”强调以生为本，主张在课堂的生态场中，通过教师的引导和帮助，使学生在自主探究、自由活动的过程中获得知识、提高能力。在课堂活动中，学生主要表现为主动探究知识，表达求知欲望和内心所想，尝试对相关问题进行研讨并得出结论。因此，教师为学生打造一个充满趣味、得以充分交流、自由开放的“生态课堂”，不但能激发学生的学习兴趣，而且还能引导学生敢于表达并展示自我，面向同学和教师表达自我。

### 一、激发学生“发声”的兴趣，使他们“想发声”

兴趣，是点燃智慧的火花，是探索知识的动力。要想使学生敢于表达，勇于展示，就必须激发学生的兴趣，使学生主观上有“发声”的意愿。兴趣能使学生的学习自觉性达到较高的水平。

因此就需要教师努力在课堂上培养学生敢想、敢说、敢问、敢论的精神,有意识地让学生参与到课堂,让学生在课堂上“活动”起来,感受到口语交际的魅力。更重要的是要让“厌表达”的学生看到“爱表达”的学生口语表达能力在逐渐提高,在逐渐赢得别人的赞扬和肯定。自然而然,这些学生也想加入到“爱表达”的队伍中来,也能品尝到成功的喜悦。

## 二、培养学生“发声”的胆量,使他们“敢发声”

受我国传统社会文化意识的影响,如“师道尊严”“大人说话小孩听”,反映在课堂上便是“我讲你听”的教师“一言堂”。此外,职校生由于在初中阶段一直是“后进生”的角色,产生了一定的自卑心理,在很多场合都是想说而不敢说,害怕出错,怕别人笑话,导致了学生自我封闭心理的产生。长此以往,造成了学生从“不敢发声”到“不发声”最终到“不会发声”的局面。

为此,教师要创设良好的情境,鼓励学生“敢发声”,使学生在课堂上敢于“发出声音”,敢于发言。一方面,教师要实行民主教学,注意调动和保护学生“发声”的积极性,要充分利用“身体语言”和“副语言”,鼓励学生,允许学生平等地表达自我,展示自我。另一方面,教师要引导学生打破自我封闭的心理状态,自觉“对外开放”,训练学生适应“语境”的变化,大胆表达。

## 三、给学生提供“发声”的环境,使他们“有机会发声”

教师给学生一定的课堂空间,学生就能给教师意想不到的惊喜。“凡是学生自己能想的,应该让学生自己想”“凡是学生自己能做的,应该让学生自己做”,学生自学能会的,教师坚决不要讲,可讲可不讲的一般不讲,非讲不可的一定要精讲,务必要讲到点子上。课堂是学生学习的场所,教师应该将学习的时间、说话的时间还给学生,让学生多学、多思、多说,千万不能让自己的话语霸权埋没了学习的真正主人。三尺讲台,同样是学生的舞台。

探　究

## 抓好课堂主阵地

当今社会，处处充满了竞争，如何在这残酷的竞争中取得优势？其重要一点就是要学会推销自我、展示自我。古有“毛遂自荐”的故事，就是告诉我们要勇于亮出自己，展现自己的才华，才能收获自己的成功。

职业学校因其特殊性，有更多的活动和平台为学生展示自我提供机会。如果说扩大校内外育人空间，打破常规育人模式，为学生创设多种活动是学生展示自我的外延阵地，那么课堂则是学生展示自我的主阵地。诸暨技师学院致力于在课堂教学过程中下功夫，一方面紧抓“45分钟”的效率，另一方面也充分利用如早读课、午间课等“碎片化”课堂时间，营造出1＋1＞2的课堂教学效果。

### 一、以45分钟课堂为主阵地

学校针对职校生学习主动性差、参与意识不强、表达能力和组织能力普遍较弱的客观情况，要求广大任课教师(包括专业教师)转变教学观念，努力做到“以学生为主体，以教师为主导”，让课堂成为学生展现自我的平台。

#### (一)营造开放性的教学环境，让学生“敢于发声”

现实生活中，没有人是一座孤岛，每个人总是处于一定的社会关系中，并受其影响。对学生而言，师生关系是学校教学中最基本的人际关系，自然也制约着教师和学生的思想内容和行为方式。

所谓的“开放性的教学环境”，其原则是尊重学生的个体独立性和特殊性，真正以学生为主体，充分调动学生的主动性、积极性，重视学生的能动性,鼓励学生积极思考,大胆发言,强调知识的广度和深度的延伸,同时要注意课堂内外的衔接,使师生处于一种平等、民主、自由的关系中。

第一,在课堂上营造宽松愉悦的心理氛围。学校本着相信学生、尊重学生,用心灵去塑造心灵,让生命与生命对话的教育宗旨对待学生,让学生敞开心扉,敢于“发声”、敢于提问,敢有不同的见解,始终用赏识的目光,带着欣赏之情,保护学生的这种自我肯定的心理需求,即使学生的观点是幼稚、片面,甚至是错误的,教师都应该给予热情的回应及肯定。

第二,创设有利于互动的教学情境。教师通过兴趣导入法、设疑导入法、设景导入法等教学方法,给学生一种身临其境、似曾相识的感觉,调动学生学习的积极性,激发学生自主展示的主动性。

### (二)创造自我展示的实践机会,让学生能“发声”

学生综合能力的培养,课堂教学是主渠道。根据不同层次学生的不同需求,设计出难易有别而又丰富多彩的活动,让每个学生都能在有趣的课堂活动中体验自我展示带来的快乐,从而提高自我展示能力。

例如,在语文课上,教师根据应用文教学重在实际运用的特点,鼓励学生上台,直接将“通知”“借条”“收据”“邀请函”等内容具体呈现在黑板上。结合《雷雨》《项链》等课文的教学,让学生分角色朗读,编排课本剧。开展“朗读擂台赛”活动;或者按座位轮流进行课前五分钟的即兴发言活动等。课堂上多种多样的小活动与互动环节为学生创造了更多展示自我的机会。

**【相关链接·学生感受】**在老师的一再鼓励下,我们终于敢站起来回答问题,终于敢走上讲台表演,终于敢大声朗读课文……突然发现自己像彻底变了个人似的。虽然这中间的历程比较艰难,但毕竟是个全新的开始。我们高兴,我们自豪,我们不想再憋屈自己了。

## 二、以早读训练为突破口

早读课大声朗读是培养学生自我展示意识的重要突破口。然而中职学校的早读课长期处于名存实亡的状态,成了不少学生的早休课和自由活动课。据调查统计,有90%左右的学生不喜欢早读课,认为早读课内容枯燥、形式单一,而且长时间大声朗读极易疲倦。诸暨技师学院深知早读课对于锻炼和培养学生的自我展示能力有重要作用,一方面学生通过大声朗读课文,提高自己的口语水平;另一方面早读课的内容也能为以后展示自我增添知识储备。为此,学校对早读课从内容到形式,从创设氛围到加强监督,全方位进行了优化。

### (一)改变思想,让学生了解早读的益处

思想是行动的先导。为了让学生从思想上高度重视早读,学校的班主任和任课老师利用一切可利用的机会,向学生反复讲解大声朗读的多重好处,并且自创了"读出精神人有劲,读出自信人胆大,读出悟性好理解,读出记忆印象深,读出成绩学习好,读出铁嘴论理真"的顺口溜,让学生牢记心头并逐渐体现在行动上。

改变学生固有的思想绝非一朝一夕之事,还要在早读课上引入竞争机制,要求教师每节早读课结束后都要及时进行评比,进行适当的鼓励,从而提高学生的积极性。

### (二)丰富内容,让学生有"东西"可读

早读最主要的任务是朗读与背诵,那么读什么、背什么,每节课完成多少任务,教师都应该做到心中有数、任务适中,要让多数学生有信心完成任务。此外,考虑到每个学生学习能力、接受程度不同,教师把读背任务在前一天放学时就公布,以便于学生在晚上提前准备,也让其他学生第

二天早读课时能尽快投入状态。

为了让学生能读到更多不一样的内容，学校致力于充实早读内容，除了按要求背诵书中精彩片段外，还鼓励学生朗读或背诵一些精彩的名段、名句、名篇等。

### （三）创新形式，让学生“愿意读”

学校早读课以学生自读为主，辅以齐读。齐读的环节一般安排在早读开始时，创造一种气氛，调动起学生的精气神，或者安排在早读结束时，让学生对早读内容再进行一次巩固记忆。另外，由于学生朗读水平参差不齐，学校还让朗读能力强的学生进行领读，边读边点拨，采用两人“你读一句，我读一句”或“你一段，我一段”的对读方式，不仅要求自己读准确，还要认真倾听对方有无错误。

目前学校采取的班级授课制，布置的早读任务是针对大多数学生的，还要注意弹性限制，针对不同学生区别对待。因此，完成每天固定学习内容的时间控制在15～20分钟，剩下10～15分钟留给学生自己安排，从而避免出现后进生完不成任务、优秀生完成任务后无所事事的现象。

### （四）强化督促，让学生“读出效率”

与其他高中生相比，职校学生缺乏一定的自制力，不能做到自我克制、自我约束。因此，诸暨技师学院要求广大教师自觉做到迎着学生入教室。每天提前3分钟进教室进行管理监督，提醒学生早读时间，做好早读准备。早读过程中，教师尽可能在教室走动观察，尽量确保学生不走神、不偷懒，注意观察学生朗读时的细节。如书本是否翻到朗读的那一页、学生的眼神是否注视书本、声音大小等。早读结束后，教师还要对做得好的学生及时表扬，对不够专注的学生及时提醒、指正，从而培养学生良好的早读习惯。

**【相关链接·学生感受】**说实话，像我们这些成绩处于下游的学生，初中时早已养成晨读课睡觉的不良习惯，也很少有老师来过问。进入职校后，非但不能再伏在桌上，而且得精神饱满地大声朗读。开始的时候，很不习惯，很反感，很不合作。后来，看到老师那么重视、那么坚持，连学校领导都把它当作一件大事来抓，渐渐地，就开始试着发出声音。一段日子坚持下来后，我发觉自己的朗读水平提高了，人也变得有精神有底气。

# 第五章　用实力证明自己不可或缺

职业教育与普通教育的最大分别在于人才培养目标的差异。与普通教育旨在培养研究型、探索型、设计型人才不同，职业教育在人才培养过程中更倾向于提升学生的实践性、技能性、创新性，因而相较于普通院校学生，职业院校学生的学习成果更具实战性和展示性，大多数学生在毕业后能够直接上岗，工作过渡期或适应期相对较短。“十九大”以来，在各级政府对高技能人才的充分肯定与用人单位对技术型、实战型员工的大量需求下，职业院校学生无疑获得了一个更大的自我展现平台。在此背景下，想要真正重塑学生开朗阳光的健康身心，让学生敢于和乐于在人前展示自我，就必须在不断地学技精技过程中，让学生真正具备在人前展示的“硬实力”。

【成长加油站】

**在创新创业中找到人生的“新战场”**

“听说这个学校里可以一边学习，一边创业！”

“听说这个学校的学生没毕业就先创业了！”

“听说这个学校的学生一毕业工资就比老师还高！”

近几年，随着“育才1号”电商创业园的成功创建，以及不断涌现的学生创业明星，诸暨技师学院凭借自身定位精准、落实到位的双创教育，打造出了良好的社会口碑，学校招生数量年年看涨。

诸暨技师学院于 2014 年在校内创建了“育才 1 号”电商创业园，配备有高速光纤网络、室内摄影棚等一系列专业硬件设备，为在校生一边学习专业知识，一边创新创业，提供充分的保障条件。“育才 1 号”电商创业园目前已开设有淘宝店铺 120 多家、微店铺 90 多家，成功孵化学生创新创业项目 30 多个，每年为电商行业输出 200 余名优秀人才。

而在从“育才 1 号”电商创业园走出去的众多学生创业明星之中，最为人所津津乐道的，莫过于 2013 级电商专业学生周炯。2014 年 3 月，年仅 17 周岁的周炯开办了自己的第一家淘宝网店，成为诸暨技师学院在校学生中创业的“第一人”，网店专营网络空间的设计、租赁，网销的产品以电脑技术为主。而仅仅经过一个暑假的时间，网店的销售额就达到了 5 万元，并且在之后继续保持了这一良好趋势。“原来我们可以凭自己过硬的专业技能创业、创富！”同学们纷纷感叹。一时间原本寂寂无名的周炯成为了校园里的“明星”。

**找到人生的新战场**

回首自己的创业之路，周炯认为 2012 年的“双十一”是个绕不开的话题。

“双十一”是阿里在 2009 年发起的大规模消费者回馈活动，到了 2012 年，“双十一”支付宝交易额跃升到 191 亿元，成了一个标志性的节点。

那年，周炯正读初三，成绩平平的他对前途感到一片茫然。

直到了解到诸暨技师学院的创新创业故事，“当时是学校的老师来介绍的，说电子商务是个‘新兴的大金矿’，学生通过创新创业实践也有机会加入进来，重新找到自己的人生‘战场’！”周炯说。

2013 年，周炯正式入读了诸暨技师学院的“3＋2”电子商务大专班。

初中时代的周炯就对网络游戏颇为热衷，进入大专班学习了一年创新创业基础知识后，周炯意识到这个原本让自己花钱的爱好可以转变成为自己创业的基础。在班主任的指导下，周炯把自己的创业想法写成了创业项目书投递给了学校，很快得到了认可，并获得了一笔不菲的启动资金，开始了自己的第一次创业。

周炯的网店主要以代销 DIY 的特色游戏产品为主业，由于产品强调 DIY，很多玩家希望有个空间可以“秀”自己的作品。周炯敏锐地发现，这里有发展空间。2014 年 3 月，第一家网店“幻想云”诞生了，专营网络空间的设计、租赁，网销的产品是电脑技术，而非普通的实物。意想不到的是，生意红火，每月营销额均超过 2 万元，暑假期间更飙升至 5 万多元。“那时候，电脑整天‘叮咚’响，单子接都接不过来，我觉得有一种说不出的充实感，对未来也充满了信心！”周炯说。

**带着学弟学妹去创业**

随着电商的迅猛发展，周炯所在的诸暨技师学院电商专业的建设也是如火如荼。

2014 年 9 月，诸暨技师学院与浙江长生鸟集团开展了电商专业的校企合作，共建校内电子商务创业园(后命名为“育才 1 号”电商创业园)；

2015 年 11 月，诸暨技师学院与浙江长生鸟集团、上海网萌合作的电子商务现代学徒制开班；

2015 年“双十一”，电商专业 50 多名学生客服为长生鸟集团、杭州的 ARTKA 官方旗舰店、上海的安莉方旗舰店和 MOUSSY 旗舰店等 6 家知名网店完成订单上百万元。

……

浓厚的学习和创业氛围，大大激发了周炯的创业干劲。楼迪是周炯的指导老师，每当在创业中碰到技术、人际关系等方面的问题，楼迪老师总是全力以赴地帮助他。

为肯定周炯的创业精神，2015 年上半年，学校专门为他设立了独立的办公室，配置了相关的办公设备，既便于他自我创业，又便于他引导其他同学一起创业。周炯非常乐意指导学弟学妹们，将寻找客户、编辑标题、美化页面、吆喝产品等方面的知识和技巧倾囊相授。“互联网时代瞬息万变，大家互帮互助，才能不断向下一个目标前进。”周炯希望把有创业梦想的同学引向一个正确的方向，共同奋进。在他的引领下，目前，创业园区的学生已开设网店 70 多家，微店 50 多家。诸暨技师学院已成了名副其实的电商人才培养基地、电商企业孵化基地。

**创业步伐根本停不下来**

2015 年 8 月，掘得“第一桶金”的周炯与朋友合资 50 万元，在萧山创建了杭州云块科技有限公司，开始了实体企业的经营，拥有办公场所 200 多平方米，员工 16 人。如今一年下来，成交量 200 万元左右，利润七八十万元。一边学习，一边创业，周炯成了这个时代创业风潮中的佼佼者。

2016 年 3 月，周炯又在绍兴市电子商务园里成立了诸暨市云启电子商务有限公司，把萧山公司“云计算”这块业务独立出来，专营“云计算”服务器的定制、销售。

“这是淘宝第一家‘云计算’企业店，办企业店可多贡献一点税收。”周炯指着他们组装的长 40 厘米、宽 20 厘米、厚 3 厘米的 5 只服务器说。这些虽然看上去不起眼，但利润有 1 万多元。这家公司创办才 4 个月，销售额已有五六十万元，利润 20 万元左右，有相当高的科技附加值。

除了周炯，这家公司目前有员工 3 人，2 人是诸暨技师学院的电商大专班学生，1 人是绍兴职教中心的电商专业毕业生。“心聚在一起才是团队”“不要等待机会，而要创造机会”“奋斗青春”……墙上的招贴画，激励着 4 名来自职业院校的年轻人齐心协力，开启新的创业征程。

谈起创业经历,周炯说,“一开始的目标不是为了赚多少钱,只是觉得有兴趣,想试一试,然后赚了第一桶金,迈出了第一步。创业初期很辛苦,特别是有时客户骂你,心理素质一定要好。”

指导老师楼迪对周炯的创业劲头十分赞赏,“经过这几年的锻炼,周炯成长了不少,脑子更灵活了,不仅有了全局观,做事也更周到细心了,愿意花精力去学习研究前沿业务,可以说已经具备了优秀创业者的素质。而他的成长也正是我们开展创新创业教育的初衷!”

## 第一节　精技尚能意在“创”

何谓“硬实力”,与传统意义上将专业技能作为职业院校学生的“第一技能”不同,诸暨技师学院意识到随着时代的发展,职业院校的学生同样需要具备创新创业意识和能力,不仅要埋头苦干,更要抬头思考。创新创业教育对职业院校而言不再只是点缀,而应与专业技能教育并举,使两者相互融合、相互促进,正所谓精技尚能意在“创”。

思　考

### 回归育人本质的创新创业教育

教育是以促进人的成长为己任的事业。教育的社会、政治、经济功能都要通过育人功能来实现,而社会、经济、政治的发展最终仍应以人为目的。因此,“人作为目的”是教育的应有之义,也是创新创业教育的应有之义。

### 一、中职学校创新创业教育存在的问题

对中职学校而言,创新创业教育的重点是培养具有创新创业意识的

技能型人才。目前,中职学校对创新创业教育还缺乏明确深刻的认识,理论薄弱,更没有上升到指导实践的层面。部分学校对创新创业教育观的认识,仅仅停留在提高毕业生就业率上,具有明显的功利性价值取向。他们认为引导学生创业可以提高学校的毕业生就业率、完成指标、提高学校声誉,而不是把创业教育建立在引导学生发现自我、成就自我的基础之上。还有部分师生认为,创新创业教育的对象仅仅是是少数学习成绩优异、创新能力突出、实践能力强的学生,而不适用于全体学生,导致大多数学生被隔绝于创新创业教育之外,创新创业教育不能在较大的范围内开展起来。

还有许多学校认为,创新创业教育只是就业指导的一部分内容,对教育目标和价值取向没有清晰的认识,在实施过程中还处在一种摸索的阶段,创新创业教育的理念还没有和学校整个育人体系融合,创新创业教育流于形式,未能形成一定的规模和气候。这种片面的认识直接弱化了创新创业教育的深刻内涵,不能真正提高学生的创新创业综合素质,忽略了创新创业教育的本质意义。

## 二、准确而全面地把握创新创业教育的内涵

只有正确认识和理解创新创业教育的内涵,才可能在开展创新创业教育实践过程中把握正确的方向和道路。中职学校创新创业教育的本质是以培养创新创业人才为根本指向的。全面的技工教育重在改革创新,它旨在全面改革传统技工教育教学模式,培养创新创业人才的新教育理念。它以培养学生的创新创业意识、创新创业思维、创新创业精神和创新创业能力等创新创业素质为核心,具有普遍性、全面性、特殊性和革命性等显著特征。

所谓"普遍性",是从中职学校创新创业教育的对象上来说的。中职学校创新创业教育应该是面向全体中职生的普适性的教育。每一位学生

都具备创新创业的潜能,每一位学生也都拥有接受创新创业教育的权利。但是由于每个学生个体的差异,其突出的创新创业潜能有所不同,这就需要教师因人而异、因材施教,从而最大限度地开发每个学生的创新创业潜能。

所谓"全面性",是指创新创业教育是致力于学生全面发展的教育,必然涉及技工教育的全方位和全过程,需要在技工学校教育的所有课程、所有活动中得以体现。它将促使学生的创新创业精神、创新创业思维、创新创业品格、创新创业技能在实践层面得到统一。

所谓"特殊性",是指技工教育阶段的创新创业教育因其教育类型和教育阶段的不同而具有特殊性。中职学校创新创业教育既要考虑到学生正处于身心发展和世界观形成的关键时期,要把创新创业精神和思维的培养作为教育的重点,又要考虑到技工教育具有专业特点,需要将创新创业教育与专业相结合,充分发挥各专业教育教学的创新创业教育功能,在此基础上适当培养学生基于专业技能的创新创业实践能力。

所谓"革命性",是指创新创业教育是一种全新的教育理念和模式,在教育目的上以促进学生个性全面发展为核心,教育理念上要尊重学生的差异性和多样性,教育过程中要体现学生的主体性,教育管理中倡导师生的民主平等。它要求中职学校创新创业教育理念深入影响传统教育,进而引发全面而彻底的技工教育教学变革。

## 三、在实践层面全面落实创新创业教育理念

第一,鼓励人人参与,打造全员参与的创新创业教育。中职学校的创新创业教育不是少数人的创新创业教育,而是所有中职生都应该接受的教育。所以,开展创新创业教育不仅需要全体学生的参与,还需要全体教师的共同参与。一方面,要建立专业化的创新创业课程专任教师队伍,并使所有学生都有机会学习该课程;另一方面,要使全体教师树立创新创业

教育的新理念和新观念，并掌握实施创新创业教育的方法和技能，从而在日常教育教学活动中渗透创新创业教育。更为重要的是，每位教师自身都要首先成长或转型为具备创新创业思维和能力的个体，如此才能培养出具有相应能力的学生。

第二，推动教学创新，构筑贯穿全过程的创新创业教育体系。中职学校创新创业教育需要学校形成创新创业教育的合力，共同推进。中职学校要营造倡导创新创业的校园文化，构建灵活开放的教育教学管理制度。开设多样化的学生选修课程，培育民主、平等、自由的教学氛围，满足学生个性化的学习需求，使创新创业教育的理念深入学校教学管理和课堂教学的方方面面；使全体教师掌握教学自主权，转变教育教学方式，变知识传递为知识创新，变技术传承为技术创新；使全体技工学生在学习过程中切实得到创新创业教育的启发和熏陶，真正发挥教育的主体作用，真正成为教育的主体。

第三，挂钩专业教学，构建全方位覆盖的创新创业教育。创新创业教育与专业教学相结合，是打通创新创业教育与专业关联渠道的最佳途径，是促使学生活学活用的最佳方式。脱离了专业教育的创新创业教育只能停留在意识与知识层面，使创新创业教育成为无源之水、无本之木。把创新创业教育与专业教学相挂钩，就要求将专业建设、课程设置、教学方法等都融入创新创业教育的理念。把创新创业思维教育、创新创业精神教育和创新创业品格教育等融入专业课程教学中，使学生在学习、运用所学专业的知识和技能过程中不断发挥想象力和创造力，实现技术技能的创新和新事业的开创。

第四，依托活动载体，变革职校教育教学模式。在创新创业教育理念的影响和带动下，职校教育教学模式必将发生重大变革。中职学校教育将越来越贴近学生的现实生活，教学内容也将取材于工作或生活实际，并以主题或项目的形式呈现，每个主题涵盖多种技术技能和知识，学生在完成“活动”或“项目”的过程中，发现问题、探索问题，主动学习相关领域的知识和技能，并运用知识和技能创造性地解决问题。在实际问题的解决过程中，不仅中职学生的专业技能会得到深度提升，核心素养能得到全面提升，而且学生的创新创业意识将被彻底激发，创新创业思维将逐步形成，创新创业能力将大大提高。

探 究

## 根植双创意识，夯实双创技能

自 2012 年起，诸暨技师学院积极打造符合学校需求的众创空间，建立健全创新创业课程体系，完善创新创业指导服务机制，组建一流创新创业导师团队，鼓励学生自主开展创新创业实践，紧紧围绕“培植双创意识，打造精湛技能”的创新创业教育理念，进行了卓有成效的教育实践。

### 一、以点带面、循序渐进，打造专业化创业中心

2014 年 8 月，学校紧跟电商产业发展大潮，以电子商务专业为依托，建立校内创新创业实践基地。学校与长生鸟集团合作，在校内创建了“电子商务创业园”。随后数年间，更是不断加强创业园的各项基础设施建设，建成了 1500 平方米，拥有商业摄影棚、创业实训室、仓储物流室、物流实训室、网销产品体验馆等专业化场馆和设施的电商创业基地，并正式更名为“育才 1 号”电商创业园。

2017 年，学校进一步整合优化校内创业园资源，将其升级为“诸暨技师学院电子商务创业中心”，中心下设 50 工位电子商务机房 1 个、30 工位电子商务创业机房 1 个、专业摄影工作室 1 个、合作企业校内办公场所 4 个、仓储物流中心 2 个、特色网销产品体验馆 1 个。中心可同时承担多个班级的创业实训课程，包含 4 家现代学徒制合作单位在校的办公场所，拥有 30 人以上的学生创业办公地点，同时承担每年 618、双十一、双十二

期间的校企合作项目。特色网销产品体验馆则主要通过展示诸暨特色产业的图片、实物、视频、VR 虚拟场景、现场制作演示等，提升学生对诸暨特色产品的认识，鼓励学生关注本地农村电商创业。

## 二、统筹规划、建章立制，完善创新创业教育实践机制

为了更有序地推进创新创业教育工作的开展，2012 年学校专门成立了学生创新创业指导委员会，领导、统筹和协调全校的学生创业工作，具体负责学生创新创业基地的整体规划、年度工作安排、立项与结题审批、监督管理等重大事项。委员会主任由校长担任，副主任由分管学生工作、教学工作和科研工作的校领导担任，成员由校团委、教务处、实训处、招就处、研究室、德育处、教科室等部门负责人组成，再结合学校电商、烹饪、汽修、计算机等教研组组长担任创业组长，由各专业的优秀学生组成创业团队，层层分工，各司其职。指导委员会办公室设在校团委，负责学生创新创业的指导以及学生创业基地的具体管理。

2014 年 9 月，学校制定了《诸暨技师学院创新创业工作室管理制度》，明确创新创业工作室将秉承诸暨技师学院“团结、进取、求实、创新”的校训，遵循中职学校“厚德精技”的办学理念，贯彻以学生为中心的教育思想，培养具有实践能力、创新能力、创业能力、团队精神和国际视野的未来杰出人才。2014 年 12 月，学校进一步制定了《诸暨技师学院学生创业基地管理实施办法》，以更好地落实诸暨技师学院校长办公会议关于学生创业基地建设的相关要求，规范创业基地的管理，保证学生创业基地各项工作正常有序地开展。

学校同时结合诸暨市产业发展特色，全面落实创新创业教育整体规划。围绕诸暨市电子商务、经营管理、机械制造、餐饮服务等行业领域的实际发展需求和人才缺口，结合专业实际情况，编制了《诸暨技师学院电商、数控、烹饪、酒管专业创新创业教育实施规划》，全面推进创新创业教

育与专业教育的融合发展。

## 三、系统规划、博采众长，深入创新创业课程化建设

诸暨技师学院的创新创业课程体系构建，经过充分的前期调研和专家审核，力求在课程的整体设计、规划和教师的最终实施中，符合学生的自身特点和发展方向，并且与学校已经开展的实践形成配套。突出个性化和生动化，力求使学生具有较高的参与感和参与意愿。

学校针对创新创业理论与方法课程每周安排固定课时教学。依据不同专业制订对应的教学目标，选择不同的方式和途径进行讲授。结合专业特色，自主开发创新创业教育校本教材。珍珠生产与加工是诸暨市的特色产业，也是诸暨电商的主打产品，是电商专业学生必须了解熟悉的，学校教师将诸暨市的区域经济布局与特色产品引进创新创业课堂，并开发了校本教材《淡水珍珠》一书，由浙江科学出版社出版，填补了这一领域的“教科书”的空白。

在教学中，学校将省编教材与校本教材相结合、理论学习与实践操作相结合、传统教学与现代网络学习相结合，突出创新创业课程项目式、菜单式、易操作性的优势，积极引导学生对创新创业理论与方法的思考和设问，在问答式的教学中，教授理论。

创新创业课程的教学除课堂讲授外，同时将现场参观、听企业经营者或小企业经营教育专家讲座、案例分析、研究活动等内容也纳入课程中。开办创新创业大讲堂，将新兴行业一线技术人员、白手起家的民营企业家等具备实战经验的人群纳入讲授者的范围。由其提供一线信息和感性经验，之后再由学校的专业教师与学生一起进行梳理和总结。不仅讲成功的案例，也讲失败的案例，让学生从感性经验中学习，将感性经验和教训上升为理性经验。

在案例教学中，注重采用贴近现实、符合市场特点的典型性创新创业

案例。患脑瘫却开设三家网店的草塔小伙张欣远，辞职转行实体虚拟相结合的店口姑娘石丽，被列为中国淘宝村(诸暨邱村)电商带头人的邱叶璐，这些诸暨本地的创新创业新闻都成了学生学习的案例。而所有教学案例都由专业教师投入较大的精力和时间，收集大量的相关素材，并精心选择、去粗取精，去伪存真，系统整理并进行理性评析后，才成为课堂上的教学案例。

学校同时积极培育学生的“乡土创业”理念和技能，鼓励学生关注本土、关注乡村，在其中寻找创新创业契机，同时提升学生“创业创新、爱乡惠民”的责任感和使命感。

学校教师立足于教育实践，积极撰写论文，开展课题研究，编写了多本省编教材及校本教材。2010 年，学校的《中职生强化乡土创业“耐挫折教育”的研究》荣获绍兴市教改项目成果评比三等奖。2011 年，学校的《中等职校开展“乡土创业教育”工程的实践与研究》荣获绍兴市第四届职业教育教学成果一等奖，后又荣获浙江省第四届职教教学成果二等奖。2014 年，学校教师编写的中职教材《职业生涯规划》由上海交通大学出版社正式出版，它被相关的学校列为课改教材。

## 四、强化实践、层层递进，打造一流双创师资团队

作为教育的一线工作者，教师是所有教育理念实施的最终执行者，是教育改革的直接实践者，他们对于教育内涵理解程度的深浅和教学方式运用的优劣，决定着一切教育理念最终能否真正落实在学生身上。

学校将创新创业导师分为校内专职教师和企业指导教师两部分，其中企业指导教师包括合作企业技术导师和诸暨市的优秀创业者代表。

为了保证校内教师能够更好地实践学校的创新创业教育理念，学校让教师们褪去了“管家婆”的外衣，促其转身成为“智囊”，让其在提升自我之余，以个人经验和能力指导教学，提升创新创业教育的整体效能。

鼓励教师到企业实践,让教师先锤炼自身,发现自己在专业知识和专业技能结构性上存在的问题,意识到“学什么”“怎么学”。教师在企业学习、实践和锻炼的过程中,把行业、企业最经典、最实用的技能学到手,再运用于创新创业教育和专业教学。

企业实践打开了教师创新创业的思路,什么是企业最需要的、什么是市场最稀缺的、什么是客户最想要的,在生产一线,信息获取远比在学校要多。教师从生产一线获得创新创业的项目灵感,就可以承接企业的技术改良项目和小发明、小创造等,将项目带回学校,带着学生一同完成。

对于校内导师队伍的培养,学校坚持“以点带面、分层递进”的实施策略,成立了包括“楼迪电子商务名师工作室”在内的针对各专业领域的创新创业名师工作室。这些创业名师一方面独立开发创新创业项目,一方面带动普通教师尤其是青年教师参与创新创业实践,传授创新创业教育经验。

对于占较大比重的普通教师,学校坚持要求教师立足于教学科研前沿,力争与产业发展和技术改进同步,从知识型向技能型、研究型转变,从“双师型”教师向“双创型”教师过渡。在参加“省培”“国培”的基础上,还规定教师必须参加诸暨本地的相关高技能人才培训,以确保教师的专业视野和技能既具有前沿性,也兼具本土性。教师的能力得到提升、视野得到开阔,相应的创新创业教育质量也就有了保证。教师的企业实践经验、个人创新创业经验,最终都以课程教学或者是项目实践的形式运用到教学当中来。

针对企业指导教师,学校主要采取企业推荐制和公开甄选制,拨专款落实创新创业教育优秀师资引进政策,保证每年引进2～3名企业推荐的业内优秀人才作为指导教师,公开选聘10～15名优秀创新创业者作为兼职“导师”,颁发聘书,定期进行教学培训和考核,以保证创新创业教育指导工作的质量和水平。

## 五、各司其职、共促发展，优化创新创业实践氛围

为了进一步增强校内的创新创业实践氛围，提升学生的参与积极性，诸暨技师学院于 2014 年起确立了学校主导与学生自主相融合的创新创业实践模式，让学校和学生都找到了一个更合适自己的位置，双方各司其职，共促发展。

学校的“主导”作用依赖于理念和制度，贯穿于创新创业教育的整个运作流程。在“入口”，学校通过建立合理的准入机制，努力做好“看门人”。在学生的创新、创业活动过程中，学校以指导和服务工作为抓手，实现人才孵化。依赖健全、高效的管理制度，学校不仅实现了对学生创新创业过程的动态考核和实时监控，更实现了对创新创业教育实践的整体调控。

学生的“自主”主要体现在创新创业实践中自组团队、自筹项目、自主管理、自负盈亏。2014 年，学校组建了诸暨技师学院“育才创业服务队”，下辖育才电商创业组、育才烹饪创业组、育才汽修创业组、育才电脑创业组，各组内学生根据具体的创新创业项目不定期组成合作团队，在实践过程中遵循“四自”原则（自组团队、自筹项目、自主管理、自负盈亏），接受“双导师指导”（学校导师和企业导师）。目前，“育才创业服务队”已累计开设了 120 多家淘宝店、90 多家微店，成功运作了 30 多个创新创业项目。

育才烹饪创业组利用烹饪专业的先进设备，制作糕点等精美食品，在教师中推销，在入校学习培训的社会人员中推销，还免费请学校的贵宾品尝指点，广受赞誉。育才汽修创业组在汽修指导教师的带领下，为教职工车辆更换机油、清洗汽车，获得了良好的声誉。育才复印创业组在计算机老师的指导下，落户实训大楼，为前来学校参加培训考证的社会人员提供复印、打印等服务。

各创新创业团队的前期设备投入由学校负责，在创业过程中所产生的利润由各创业组统一开支，用于支付创业期间的相关费用，所有开支必须列出明细账报学校备案。学校鼓励学生创办网店，开展实战训练，对连续12个月均有销售额的网店实行一次性奖励，奖金为每家网店1000元。情况特殊的网店可额外提出补助申请，由诸暨市人社局审核。

学校还在校内成立了“发明协会”和“创新实验室”，围绕小发明、小创造、小论文“三小”实践，定期开展“金点子”收集活动，并选取具有商业价值的“点子”形成创新创业项目。每年定期举办“科技节”“技能节”，开展“头脑风暴”“奥林匹克头脑擂台赛”“小爱迪生杯发明能手评选”等活动，开阔学生的眼界，启迪学生的智慧。每年组织学生参加包括浙江省电商大赛新网商争霸赛在内的各级各类创新创业竞赛。

受益于良好的创新创业实践氛围，近年来诸暨技师学院培养了一大批具备较高创新创业素养、敢拼敢闯、独立自信的优秀学子。《诸暨日报》《浙江日报》专题采访了学校的创业达人周炯，刊发了《诸暨一个18岁男生当上两家电商企业的CEO》《诸暨技师学院的学子一边做学生，一边当老板》等新闻报道，腾讯、搜狗等10余家知名网站网络全文转载了周炯的创业事迹。学生陈乐鼎在校期间的创业项目经孵化成为一家独资企业，主营电子竞技的开发与营销，如今该企业已雇请了40多位员工，每年的营销额有300多万元。

在创新实践方面，学校目前已有6项学生作品、3项教师作品获得了国家专利，学校师生在省市级创新创业大赛中也频频获奖。

“育才1号”电商创业园先后被评为绍兴市级实训基地、浙江省级中职学生创业教育基地。诸暨市委市政府领导、阿里巴巴商学院领导，先后考察了学校的电商创业园和创新创业教育实践工作，对学校所取得的成果给予了高度评价。

同时，学校还将触角延伸至校外，进一步扩大自身的创新创业教育辐射范围。从2015年起，结合诸暨市电商产业结构的调整发展，拓展面向社会的电子商务类人员培训，每年培训人数近1000人。组织电商专业教师先后在岭北镇、枫桥镇、大唐镇、安华镇开设了“村淘”负责人培训班，指导教师克服培训时间短、学员文化水平低等困难，携手政府部门，手把手地强化农民朋友的电商实践操作训练，受到政府部门、村镇领导、村民们的一致好评，取得了良好的社会效益和经济效益。

## 第二节　水滴石穿功在“专”

对于职业院校而言，专业技能教育不仅是“本分”，更是“根基”所在。扎实优良的专业技能在职业院校学生的个人成长，以及未来的就业和职场发展中，起着至关重要的作用，它是职校生“硬实力”的重要支撑。要培养过硬的专业技能，就离不开“日积月累、水滴石穿”的学习和实践。

**思　考**

### 职业教育技能教学改革之路

职业教育是现代国民教育体系的重要组成部分，在实施科教兴国战略和人才强国战略中具有重要地位。十九大报告提出，要建设一支知识型、技能型、创新型劳动者大军，这说明技能教育尤其是实践技能教育的改革就势在必行了。而改革的关键就在于构建起一个通用职业能力与专业能力相结合、校内实训与校外实习相结合的实践教学体系。

在此过程中，应当明确实践教学体系的基本内容。

### 一、职业院校实践技能教育的内容定位

职业院校的实践技能教育应包括：让学生获得知识，开阔眼界，树立

科学思想,加深对理论知识的理解,在实践中对理论知识进行修正、拓展和创新;培养基本技能和专业技术技能,使学生具备从事某一行业的职业素质和能力;增强学生的职业情感和职业道德,培育学生的工匠精神。

## 二、构建适合职业院校教育特性的实习实训体系

当前,职业学校实践技能教育的不足表现在:对实践教学缺乏重视,实践教学场地和设备紧缺、简陋,实践技能教学师资短缺,缺乏对学生职业情感和职业道德的教育,流于形式的毕业前集中式实习,等等。

校企结合的实践教学模式是近几年我国职业院校摸索、总结经验和借鉴国外职业教育的实践教学模式而推行的一种教学模式,在实际中其成效非常显著,但是也存在一些亟待完善的问题。

例如,加大实习实训的力度,改变原来仅在毕业前一学期参加企业实习的实践教学模式,将学生在企业实习的实践教学贯穿于学生职业学习的全过程。学生每完成一门课程,学校都要安排学生在参加校内实训基地的实习实训之后进入企业进行实际操作训练。加强职业院校学生的"职业观""成才观"等方面的教育,使职业院校培养出具有精湛的专业技能和较高素质与文化修养且竞争能力较强的毕业生。加强相关教育以利于学生在择业中进行准确定位,更容易找到适合自己的工作岗位。加强挫折教育,使学生在工作中正确面对挫折,遇到困难时以积极的心态处理问题,树立成熟的职业观和成才观,努力踏实工作,积极提高专业技能,形成良性循环。

## 三、构建职业院校实践技能教育保障体系

构建职业院校实践技能教育保障体系主要包括师资队伍建设、教学模式创新和实训基地建设。

师资队伍建设。建立一支具有现代教育理念和创新精神、教学能力

强、了解熟悉生产领域、掌握一定技术、乐于教书育人的高素质实践教学师资队伍，对技能教育的有效开展极为重要。近年来，职业院校致力于“双师型”师资队伍建设，普遍引进了一批企业工程技术人员。但“双师型”师资的质量和实验、实训指导教师队伍的整体实力，仍然是制约各校深化教学改革、强化实践教学、打造鲜明特色的关键问题。师资队伍建设要转变观念、大胆改革，注重“双师型”教师的培养与引进。从学校的长远发展看，加强理实一体的“双师型”师资队伍建设与改善师资队伍的学历层次、职称结构同样重要。建立具有“教师资格证书”与“职业技能证书”的教师“双资格证书”准入制度；政策规定和鼓励教师在企业与学校间进行有序流动，自觉深入行业企业一线熟悉生产，参与科研和技术开发，可以让教师到企业中，到生产第一线，使他们更加了解社会需求，认识到如何培养学生的实际操作能力。吸引社会实践经验丰富的专家、工程技术人员的加盟；改变传统的“学术型”教师考核评价体系，建立有利于师资结构调整的分配制度和激励机制。通过强化专业技能考核提高理论教师的实践能力，造就一支较高水平的“双师型”师资队伍。

教学模式创新。目前，大多数职业院校仍沿用普通教育以课堂教学为主体、理论与实践教学分开进行的教学模式，对教学模式的研究和创新下功夫不够，学科体系的课程范型仍占主要地位。而现代职业教育已有不少可借鉴的教学模式和方法。

例如，构建校内模拟实训教学平台，通过一体化课程将岗位工作任务分解成各个教学项目，按照“假项目假做”的思维逻辑实现教学向岗位的迁移。构建校内生产性实训教学平台，在校内按照“假项目假做、真项目真做”的思维逻辑实现教学向岗位的迁移。构建校外实习平台，通过半年顶岗实习，按照“真项目真做”的思维逻辑实现教学向岗位的迁移。

实训基地建设。强化职业教育的实践环节，应着力建设职业教育实训基地。一是要加强校内实习基地建设。职业院校应集中力量，尽快建立起满足骨干专业教学需求的校内实训基地，设备的投入与实训同步，实训设备的配备要与企业生产技术水平相适应，以通用、实用为原则，重点解决好数量不足、实习工位短缺等问题，保证学生有足够的时间受到高质量的实际操作训练。二是要与企业密切合作，建设相对稳定的校外实习基地，重视校外实习、实训基地建设，按照互惠互利的原则，建设若干相对稳定的校外实习基地。

探 究

## 勇于突围、真抓实干的技能教学改革

在多年的发展实践中，诸暨技师学院始终将专业技能训练作为教育的重中之重，充分发挥学校的开放办学优势，借助合作企业的力量，使自身的专业技能教育始终与行业的发展和企业的需求保持同步。

### 一、以校企合作为抓手，推进技能教学“企业化”改革

从一定程度上来说，企业的参与程度越高，学校培养的人才规格就越贴近他们的实际需求。在改革完善自身专业技能教育的过程中，诸暨技师学院始终坚持将校企合作作为根本手段之一。

多年来，诸暨技师学院根据企业对技能人才的实际要求，从发展规划、专业建设、课程建设、师资建设、实习教学、教学评价、研究开发、招生就业、学生管理九个方面与企业进行合作，结合教育教学规律改革技能人才培养方式方法，主动派出教师到企业了解企业需求、发掘企业生产规律、熟悉企业生产工艺。教师从企业角度出发进行岗位知识点、技能点的考察和搜集，并进行归纳提炼，完成课程的建设，与企业技术能手一起打造适合该工种、该专业的实训教材；按照教学规律，合理制订教学计划，做到易教易学；增加实践教学，突出公益性，逐步培养学生贴近企业实际需求的实践能力与操作技能。教师做到及时吸收新技术与新工艺，使教学

内容与产业、科技的发展相结合，推进专业设置与产业需求对接、课程内容与职业标准对接、教学过程与工作过程对接，推动学校提升办学质量，实现“校企合作”可持续发展。

学校先后与海亮集团、万安集团、盾安集团等数十家大中型企业融合办学，把企业用人标准与学校培养目标结合起来，使企业真正有机会参与学校课程的开发和实施的同时，让众多企业成为学生的校外实习基地，有效整合并提高了资源利用的效度，促进了学校与社会之间的资源共享，在深度校企合作的基础上真正实现了人才培养与企业需要的无缝对接。学生们深入工厂、深入企业，在与一线工人共同钻研技术、切磋技艺的过程中，也把优秀的企业文化引进校园。

在此过程中，学校还积极向企业学习，从教学与学生管理两方面进行改革，培养学生的通用职业能力。学校从企业员工的职业发展过程和能力要求出发，把文化课教学与技能教学结合起来，充分体现企业能力需求，从价值观、纪律性、团队协作能力、工作技能等方面提升学生的职业素养，使学生逐步具备企业员工应有的沟通合作能力、创新能力等，以此建立企业准员工教育模式。学校按照企业管理标准制定学生学习、生活管理要求，从企业管理角度制定学生管理制度，从教室、实训场、食堂、宿舍等各方面模拟企业管理方式，使学生逐步适应企业管理方式，潜移默化地实现由学生到企业员工的转变。

## 二、立足技能教学目标，深化实训内容及方法改革

学校进一步完善实训内容，改革实训方法。结合行业需求，编写具有综合性、系列性、多元性的实训教材。将各单元讲授的理论知识按其内在联系和因果关系综合到一个系列性的实训中去。在统一基本实训目标的前提下，制定多样化的实训教学方案，因材施教，实行“走班制”教学。鉴于职校学生学业基础差、知识掌握程度参差不齐的事实，学校灵活采取了

“走班制”的教学模式，并收到理想效果，相关成果还获得了浙江省第三届职教成果一等奖。具体做法是：首先，让学生明确所学专业模块的内容和目标要求，便于每一位学生找到自己的定位和发展的方向；其次，在实训教学的选择上，引导学生根据自己的需要针对性地作出选择。学校将教学行政班级按照学生的学习基础、兴趣爱好、专业特长、发展方向、学习态度等不同的标准，划分为A、B、C三个不同的层次，组成动态教学班，原行政班保持原班级编制不变，学生在行政班中作为班集体中一员参加班级活动，接受学校的各种教育教学管理；最后，加大实践课时比例，提高实训课效率。使学生实践动手时间与理论学习时间真正达到1∶1。从根本上由传统的学问导向课程模式向实践导向课程模式转变，切实有效地进行技术理论知识的教授和技术实践能力的训练，达到培养高技能型、技术型人才的目标。

在实训过程中强化学生的主动性，保证实训内容既直观易行，又引人入胜；既有实用性，又紧跟时代；实训内容既循序渐进，又有针对性。教师在实训教学中承担的角色是组织者、引导者，而让学生成为主持者、承担者，使学生更加积极主动，对课程产生兴趣，使学生在一定程度上掌握一技之长，为将来求职和走入社会参与竞争树立信心。

加强实训教学管理，包括技术管理、设备管理、经费管理、固定资产管理和各项管理制度建设，努力提高设备利用率和完好率，提高投资效益。为保证实训教学的顺利进行，学校建立起了一整套的管理制度、拟定了一系列实训教学文件。各实训基地的管理制度包括：学生实训守则、实训基地负责人职责、指导教师及专业技术人员岗位职责、仪器设备管理制度、学生实训考勤与请假制度等。实训教学文件包括：实训教材、实训教学大纲、实训指导书、实训报告、实训考核标准与考核办法、实训进度计划、实训教案等。

## 三、贯彻"三化"要求，优化实训基地建设

根据技能教学改革的实际需求，学校持续优化校内实训基地建设。近年来，学校按照现代化、系统化、精品化的"三化"要求，投资大量用于实验、实训、鉴定、生产、研发的多功能设备及相关配套设施，已建成设备较先进、配套较完善，能适应高技能培训、鉴定、教学要求的综合性实训基地，并有较大的扩展空间。校内设有数控、加工中心、机械维修、电工电子、汽车维修、计算机、会计、电子商务、烹饪等70多个实训室，全校实训设备总值为5000万元，平均实训设备价值达1.2万元。配备了高速数控车床、高速数控铣床、立式加工中心等先进设备，以及数控仿真、CAXA制造工程师等配套软件。各实训场地为专业实习提供了保障，满足了学生实习教学和技能鉴定的需要，实验开出率达100%。为加强对各专业学生的技能实训，学校连续三年投资1600多万元，配备了智能电气实验室、维修电工、数控工场、电子电工与自动化技术等一大批国家级和省级实训基地，其中加工中心、数车、数铣、智能电器维修实验台等设备领先于诸暨中型机电企业。

同时按企业工作环境要求合理布局实训场所，建有满足一体化教学要求的教学场所和产学研相结合的技师研修工作区，具备承担企业技术研发、技术服务的功能；建有开展产教结合或产学研工作的实习工厂(公司)，并建有为企业、行业和社会提供信息、技术交流和服务的公共服务平台。

学校还先后投入600多万元创建数字化校园，建成了覆盖全校的信息网络系统、安防监控系统、教室考务监控系统、多媒体教室、校园电视台、全自动录播教室等。

## 四、完善激励机制建设，提升“双师型”教师素质

深入开展技能教学改革，离不开优良的专业师资。为此，学校坚持立法建制，建立有利于“双师型”教师队伍建设的激励机制。出台适用于本校“双师型”教师队伍建设的专项政策，使教师队伍建设实现标准化、职业化。同时，结合自身实际制定有关“双师型”教师队伍建设的规定和激励措施。改革原有的实训教学考核办法，采用学生问卷调查反馈评价、本专业实践教学质量检查小组评价、学校实践教学检查组反馈评价相结合的方法，对指导教师的实训教学质量进行量化考核。考核实行与教师的职称晋升、年终考核、评先、超课量津贴奖惩挂钩的办法，提高教师的重视程度。

从制度上、政策导向上，对于坚持到业务部门进行调查研究、参与项目开发和参加实习培训的教师，给予精神上的鼓励和待遇上的倾斜。有效解决“双师型”教师的资格认定和职务聘任问题，有效解决从事实践环节教学的教师的职务晋升的问题。对于坚持理论联系实际、潜心应用开发的教师，在个人评优、评先方面给予充分肯定。对于相关创新成果，给予和其他科研和教学成果同等的嘉奖待遇。

建设“技能大师工作室”，真正发挥技能大师在高技能人才培养中的作用。积极组织开展“技能大师进校园”活动，聘请企业技能大师进校园、进课堂，指导学校的专业建设、技能实训和高技能人才培养，让专家来把脉问诊、指出不足、找出差距，借助技能大师的知识与经验，不断改革学校技能型人才培养课程体系，不断提升技能教学水平。同时充分发挥学校技能大师的作用，建设“技能大师工作室”，搭建平台，形成专业技术创新团队。组织进行课题研究、教学培训研发；参与企业的技术创新，解决企业技术难题；为社会提供技术服务与技术支持和培训。加强与企业沟通，要求学校教师积极主动学习一线新知识、新技能，对学校教师进行专业技

术培训，提升“双师型”教师的专业素质，为学校培养骨干教师。

## 五、引入多元评价模式，提升技能教学实效

考核是确保教学质量的重要手段。为了进一步提升技能教学的实际效果，学校从评价主体和评价方式入手，进行了深入改革。

在技能型人才培养评价模式中，改变教师单一评价的局面，丰富评价主体，将学生自身、同学、任课教师、实训教师、企业都纳入评价主体当中，实现评价主体的多元化。采取学生自评、学生互评、教师课业评价、“师傅”实习评价、企业综合评价等多种形式，从多角度、多方面来评价学生。例如，在学生 100 分的技能考核成绩中，评价主体的评分比重分别为：自评 10%，互评 10%，教师课业评价 30%，“师傅”实习评价 30%，企业综合评价 20%。通过自评，鼓励学生自我发现和自我完善；通过互评，考察学生的交际能力和学习状态；通过教师评价，考察学生的理论基础水平、学习态度和学习方法；通过“师傅”评价，考察学生的专业技能、学习能力和岗位适应能力；通过企业综合评价，考察学生的工作表现、职业素养和实践能力。

积极尝试引进多元化评价方式，供各专业教学团队选择。

例如，“知行”考核法。“知行”考核法即知识和技能考核法，是最基本、最常见的考核方法。在进行考核时，教师并不给学生规定考试范围和操作流程，而是给出任务，让学生按照自己的方法来完成任务。教师通过学生在任务中的表现来打分。在这一过程中，学生的知识水平、实践技能和创新能力都得到了充分体现，教师不仅能够全面客观地评价学生，也能激发学生的学习兴趣、培养他们的动脑能力和动手能力。

“实践”考核法。在“实践”考核法中，教师为学生模拟真实的工作情境，让学生在实践中考核，在考核中实践，对学生的专业技能和理论水平进行最直接、最真实的评价。教师采用抽签的方式给学生分组，并要求学

生以小组合作的形式完成教师给出的实践“难题”,并详细记录每个小组成员在完成任务过程中所发挥的作用。教师根据学生的任务完成情况、工作流程及小组成员的表现,给每个学生打分。

“专项”考核法。不同的学生在学习能力、实践能力、求职意向等方面都存在诸多差异。因此,为了对学生给予更加公平、公正的评价,教师可以选择采取差异性评价,通过“专项”考核的方式,考察学生的综合能力。例如,同样是机电一体化专业的学生,有的学生的求职意向是汽车维修,有的是数控机床操控,有的是电器安装与调试,那么教师就可以根据他们的求职意向,设置难度系数相同但任务内容不同的考核项目,以具体的标准来衡量学生真实的职业能力。

勇于突围、真抓实干,近年来通过一系列卓有成效的技能教学改革,诸暨技师学院在强化学生专业技能、提升学生职业素养方面,成绩显著。

2017 学年,共有 118 人次的学生在省市级技能竞赛、创新创业大赛、文明风采大赛中取得了优异成绩。其中寿杰旭同学夺得了全国职业院校技能大赛二等奖;吴立丙同学获得了第 45 届世界技能大赛全国选拔赛第十名;张佑伟、杨沛卓同学获得了 3D 打印技能大赛全国二等奖;楼森龙等四位同学分别获得了 3D 打印技能大赛全国三等奖;傅泽君、卓函丹同学获得了省级传统文化竞赛一等奖;周泳波等四位同学获得了省级技能竞赛二等奖;宋超帆等三位同学获得了省级技能竞赛三等奖。

在技能竞赛大放异彩的同时,“面向人人”的技能展示也进行得如火如荼。学校先后组织了职教活动周、第四届技能运动会、家长开放日、寿崇德艺术馆“大美匠心”艺术展览、绍兴市职教技能展示等综合性活动,让学生的技能展示由校内走向了校外,由诸暨走向了绍兴。“育才 1 号”品牌的影响力不断提升,“育才 1 号朗诵社”荣获 2017 年绍兴市经典美文诵读大赛第一名及浙江省二等奖;“育才 1 号健美操队”荣获 2017 年绍兴市中职韵律操比赛一等奖;“育才 1 号合唱团”荣获 2017

年诸暨市艺术节一等奖。

2018 年单考单招成绩再创辉煌，363 位同学参加考试，上线率 100％。其中本科上线 49 人，机械专业的蒋博帆同学夺得全省单招单考的第一名，为学校第八次捧得了浙江省单考单招的状元桂冠。

## 第三节　组团建队志在“菁”

和传统社团相比，专业技能型社团在完善学生的知识结构、精炼学生的职业技能、提高学生职业人的综合素质等方面发挥着不可替代的作用。这使得专业社团成为了职业院校培育具有优良职业素质的专业“菁英”的有效载体。

### 思　考

### 职业院校专业社团的建设迷思

与普通的学生社团不同，职业院校的专业社团更加注重对学生专业知识结构的创建。专业社团活动作为专业教育的延伸，培养了学生的实践意识，强化了学生的实践能力，从而引导学生探求更深更广的知识，促进良好学风的形成。一系列的社团活动，不仅能缓解课业带来的压力，还能不断地挖掘学生自身的实践兴趣点，一定程度上激发了学生的求知欲望，充分调动了学生自我探知的积极性和创造性。当学生的学习兴趣被激发出来之后，学生会渴望探求更深更广的知识，二者相辅相成，互相促进，形成一个良性的循环。

近年来，职业院校的专业社团以专业小组、工作室、实验室等形式如雨后春笋般涌现出来。但在建设发展过程中，仍存在理念缺失、规划缺位、管理失效等现象。

## 一、专业社团的发展方向不明确，缺少统筹规划

与非专业社团相比，专业社团往往立足于某个专业，参与人员相对较少，“规模较小”的活动内容相对单一，从而严重制约了专业社团建设。学生专业社团作为学生的“第二课堂”，校团委应当对其发展进行宏观规划，在指导专业社团的发展方向和管理上，应给予院系政策支持及技术指导，但在实际工作中，恰恰缺乏有效的指导和支持。专业社团的外部管理涉及学生工作部门、教学管理部门及院系。在发展、管理学生专业社团中需要各方面软硬件的支持，需要各部门积极参与、出谋划策。但现实是缺乏有效沟通，各项工作均由学生工作部门做，不利于专业社团的健康成长。由于对专业社团指导教师的选聘和管理没有要求，这些指导教师上任后忙于其他工作，仅对社团提供一些专业技术指导，谈不上用发展的眼光对待学生专业社团，更无法对社团进行长期规划。

## 二、专业社团发展资源不足，缺乏专业指导教师、资金、场地及设备

首先是缺乏专业的专职指导教师。学校有关教师指导专业社团的鼓励政策不够，指导专业社团工作多为义务“奉献”，指导需要占用业余时间，导致教师对此项工作缺乏积极性和主动性，大部分教师不愿意担任指导教师。即使担任，然而由于其缺乏专业水平和管理能力，指导教师也很少主动过问专业社团的工作，无法为学生提供太多帮助。其次是资金支持不足。调查发现，专业社团的活动经费基本出自学生活动经费。由于经费有限，学生又无法自筹经费，社团开展活动受到经费不足的制约。有些活动往往初期规划得很好，但由于缺乏资金支持，活动不能如期开展。最后是活动场地和设备的限制。一些学校的学生活动场地不足，导致专

业社团没有固定的活动场所，部分专业的实验场地和设备更加有限，活动场地和设备的缺乏严重影响专业社团活动的数量和质量。

## 三、专业社团管理没有形成系统，监督反馈不到位

一方面，专业社团管理缺位。学生专业社团的管理者院系团总支只能对学生和学生活动进行管理，无法对指导教师进行管理。由于缺少沟通，缺少“统一思想”这一工作环节，在实际管理操作中产生了诸多矛盾。学生干部工作能力有限，社团的自我管理能力较差，如在社团换届、活动经费、议事规则等方面存在一系列问题，有些专业社团的自我管理形同虚设。另一方面，监督反馈不到位。学校社团联合会负责对专业社团进行管理、监督、协调和服务工作。但在实际操作中，这种监督往往形同虚设，对于专业社团是否按照章程和计划开展活动、是否违反学校的规章制度等，学校社团联合会并不清楚。同时，缺乏对专业教师指导社团工作的督促。由于没有完善的管理制度，督促专业教师指导专业社团方面的工作存在漏洞，没有形成社团指导教师评价制度，导致院系团总支无法实时了解社团的情况。

## 四、专业社团内部运行混乱，活动效果不明显

首先是社团成员职责和分工不明确，导致活动的安排没有计划性、经费使用没有规划、社团成员散漫等问题产生。其次是制度不健全，组织凝聚力不强。由于社团管理制度不规范，加上成员对社团缺乏归属感，有些学生认为加入社团就是种体验，甚至中途放弃专业社团转而参加文艺、体育竞技类社团。再次是专业社团活动缺乏新意，无法吸引学生积极参与。有些活动流于形式，没有深度和广度，缺乏内涵，不能满足学生的需求。由于学生专业社团的活动多是专业讲座或专业技能的培训，专业社团的活动变成了专业课内容的简单重复，缺少能吸引学生参与的活动载体，很

难激发学生的创新能力。最后是社团成员参与管理和活动的有效性不足。在对专业社团的管理中，没有给成员提供发表意见、建议的途径，也很少考虑他们的建议。

探 究

## 打造专业社团体系，培育专业“菁英”人才

立足职业院校专业社团建设存在的种种问题，诸暨技师学院找准定位，将专业社团作培养专业技能领域“菁英”人才的重要载体，将技能训练与社团活动有机融合，将专业拓展学习与创新创业实践有机融合，进而构建了独具特色的专业社团体系。

### 一、建立健全专业社团体系

目前，学校已建立了覆盖所有专业的相关社团，使想要参与专业社团的学生有归属。校园内成规模成气候的专业社团已达三十二个，几乎每个学科、每个专业都有一到数个不等的专业社团。学校除了为各个社团聘请指导老师外，还在活动时间、活动场所、活动器材、活动经费等方面提供有力的保障。学校还进一步建立健全了相关管理制度，完善了专业社团的整体运作模式。专业老师负责指导专业社团，学生社长负责日常管理，进行活动组织策划和宣传。专业社团向学校主管部门申请社团活动经费，学校每年拨专款为专业社团活动提供经费保障，社团活动经费主要用于支持购买简单设备和参加竞赛。同时依托学校相关专业实训场地为专业社团提供场地和设备保障，方便专业社团开展活动。

每一个专业社团选配一名专业指导教师，对学生开展专业技能训练，进行全程化跟踪指导。定期进行专业技能训练和培训，建立专业指导教师与社团成员定期沟通和培训的机制，及时辅导、培训社团成员，不断提高成员专业技能。专业老师要对社团成员定期进行集中

培训，有针对性的培训较难掌握的、比较关键的技能。专业指导老师要定期提出与专业相关的课题或任务，督促指导学生按时完成，让学生在研究中得到专业上的训练。

专业社团内部工作由学生进行组织和协调，主要依赖于学生的自我内部管理，社团干部主要通过竞聘制产生，选取有责任感、动手能力强、社会适应能力较好、专业基础过硬的学生担任社团干部，自主制定相应的评优激励机制。

## 二、多平台多渠道提升专业社团水平

在专业社团建设管理中，学校坚持树立“做中学，学中做”的理念，让学生在做具体实践任务的过程中发现自己的不足，迫使其不断努力学习理论知识，同时投入实践项目中。这种互动可以不断提升学生的学习积极性。积极鼓励和支持专业社团的成员申报和参与各类课题、职业院校学生科技创新基金项目，提高学生的研究水平、专业能力和创新能力。

开展技能比武，提升专业技能。举办各种技能大赛，鼓励专业社团成员参加。活动覆盖面广，学生参与度高，对表现优秀者给予表彰和奖励，培养积极学习专业技能的良好风气。

积极举办专业讲座，营造专业社团活动氛围。邀请相关领域内的专家给社团成员作讲座，通过讲座传授专业知识，开阔学生眼界，提升专业文化氛围。组织和引导专业社团参加各类、各级别的专业竞赛。目前每年都有政府机构或者行业机构举办的各类专业竞赛，对口专业社团的学生专业技能普遍要强一些，学校对专业社团成员进行集中培训和技能辅导，指导他们设计作品。

积极鼓励各个专业社团走出去，通过各级各类专业竞赛等活动建立社团联系，加强校际交流，相互运用对方的优势资源和经验，取长补短，共同发展。积极引导各社团参与社会实践服务活动。凭借学生的专业特长,通过社会实践,为农村和企业服务,在实践中锻炼学生的动手能力,培养学生的实践服务意识,实现企业受益与学生受益的双赢。

## 三、卓有成效的专业社团建设

通过多年的建设实践,诸暨技师学院的不少专业社团已成为业内知名的品牌团队,不仅得到了兄弟院校的一致认可,而且广受行业、企业好评。

依托汽修专业成立的汽修社,不仅包揽了学校内部的汽修服务业务,更延伸至周边社区,以独立创业项目的形式承接来自社区居民的汽车保养、清洗等业务。同时与本专业合作的企业共同组织举办汽车专业知识讲座,邀请汽车专业人士现场为新生作专业知识的讲解,消除他们对汽车结构的神秘感,使他们了解汽车的内部结构,为日后的学习打下基础。

在校内组织举办汽车文化节活动,开展汽车文化知识宣传、汽车主题电影展播、汽车模型设计大赛、汽车文化知识竞赛等活动。近年来学校与企业合作,举办小型车展,营造浓厚的汽车文化氛围,不仅吸引了行业协会前来参加,而且吸引了周边普通高校学生和市民大众前来观摩,进一步提升了学校汽修专业的行业和社会知名度。

在迎新季和毕业季期间,汽修社还会邀请汽车行业专家作行业报告会,邀请已经毕业的学长进行就业指导,并举办汽车销售顾问模拟面试大赛,帮助学生体验面试,有准备地面对未来的职场。

学校的"DV 社"则依托校园电视台,本着"传播 DV 文化,打造多彩生活"的宗旨,有组织、有创造性地开展 DV 制作创作的学习,实地组织拍摄,开展校园生活 DV、电影艺术创作,组织校际间的学习与交流活动。目前"DV 社"已形成包含编剧部、制作部、演员部、外联部、秘书部、组织部、宣传部在内的完整体系架构,成为一家能够独立承接本校及外校 DV

视频制作业务的专业化社团组织，已成功制作了多部招生宣传视频、校内文娱活动记录视频，并为市养老院、孤儿院提供了多次视频拍摄服务，专业口碑和社会声誉正在不断提升。

# 第六章　自我诗意化的表达

形象气质对于即将走入社会的学生而言是一个重要的砝码。虽然说“金玉其外，败絮其中”固然不好，但是“败絮其外，金玉其中”亦不可取。人们常说“文如其人”，同样的也可以说“行如其人”。很多时候一个人的外部行为举止和形象能够反映他的内心世界、态度和信念。

自我展示与表达除了专业能力展示、口头表达以外，还在于个人形象气质的表达。拥有一个良好自信的外部形象对于中职生展示自我有着事半功倍的作用。因此，学校应当致力于引导学生树立正确的审美观，优化自身形象，培养文明礼仪之道和沟通表达技巧，从内而外地改变学生的精神面貌，使其能以最好的状态展示自我、呈现自我。

【成长加油站】

### 职教航母的实力构建

浦阳江畔，诸暨技师学院用三十个春秋造就职教航母。桃李芳菲，毕业生们用卓越的成绩为职教花魁再添锦绣。低调于言谈、高调于躬耕，诸暨技师学院从提升学生的软硬实力和综合素养入手，谱写了学校整体崛起的铿锵乐章。“人并不是输在分数上，更多的是输在自我能力的培养和展示上。”面对部分中职学生自暴自弃和得过且过的心理状态，诸暨技师学院校长王铁江一语中的。学生发展是职业教育的最终指向,"向你秀出我自己"是学校全面提升学生素质的重要抓手。

**张扬自信,软实力重塑身心**

用王铁江校长的话说,这批中职学生在初中阶段一直是被忽略的群体,他们很少有机会能够通过正面的方式来表达自己的意见,或多或少有一些自卑心理。"学校特别重视对学生自我表达能力、交流沟通能力、协调合作能力等软实力的培养。要提升学生的综合素养,就必须重视学生自我展示能力的提升。"从培养学生的自我展示意识入手,诸暨技师学院致力于用三年的努力,培养出一批性格阳光、技能卓著的未来栋梁。

先声夺人,展示自我风采。为了弥补中职学生在初中阶段没有上台演说机会的缺憾,让同学们敢于在公众场合发出自己的声音,诸暨技师学院的老师们利用多种平台和机会,有意识地培养学生听、说、读、写的能力。以课堂为主要阵地,以主题班会、辩论、演讲、晨读、红五月歌会等为主要活动形式,鼓励学生发出自己的声音、表达自己的意见。"第一步就是要培养学生具备自我展示的意识,让他们重拾自信,敢于并乐于在人前展示自己。"

开朗阳光,重塑健康身心。要消除学生的自卑心理,光有外部刺激显然是不够的,真正走进学生心里才是解决问题的关键。为此,诸暨技师学院建立了由心理委员、心理保健员、心理辅导老师和心理健康教育课程体系共同构成的四级网络。通过同伴辅导,第一时间了解、掌握学生的心理健康状况;通过与班主任、心理辅导老师交流沟通,疏导学生的心理症结;通过优秀毕业生榜样的激励,激发学生的学习热情……多措并举,引导学生形成阳光健康的心理。

步步紧扣,训练有条不紊。每当新生入学,学校就会对新生进行一番调查。与一般学校测试学生成绩的做法不同,诸暨技师学院旨在通过调查让学生发现自身的不足之处,也便于学校开展具有针对性的教学与训练。“制定分几步走的有序训练,从激活意识、挖掘能力到鼓励创新,经过这样的持续教育,我们的学生都变得阳光和自信。”教科室主任黄飞宙老师说。

**创新技能,硬实力铸就英才**

如果说软实力的提升让学生拥有的是健康的身心,那么硬实力的提升则让学生拥有参与社会竞争的最重要的筹码。以创新创业教育为基底,作为全国青少年科普创新示范学校的诸暨技师学院,自然有着许多创新妙招。

创新能力培养先行一步。“小发明、小创造、小论文”,诸暨技师学院的同学们不但乐在其中,而且名声不小。“科技节”“技能节”“奥林匹克头脑擂台赛”“小爱迪生杯发明能手评选”……围绕发明创造的主题,学校每学期都会举行丰富多彩的活动,鼓励学生观察生活、刻苦钻研、敢于创新。“学校设立了专门的实验室,并选派了有丰富教学经验的陈建明担任指导老师,在各级各类发明创造比赛中,我们的学生都能有所收获。”王铁江校长自豪地说。

专业社团建设棋高一筹。根据学生未来的就业方向和岗位需求组成有针对性的专业社团,将技能训练与学生活动有机融合。把企业文化引进校园,让学生尽早了解就业形势,在深度校企合作的基础上真正实现了人才培养与企业需求的无缝对接。“海亮、盾安、菲达等企业对我们的学生都非常满意,学生就业形势乐观,在就业难和用工荒的夹缝中实现了‘逆市飘红’。”王铁江校长直言,这些成绩的取得,与学校对学生综合能力的培养密切相关。

## 第一节　印象管理艺术

伟大的戏剧家威廉·莎士比亚曾写道:“全世界是一个舞台,所有的男男女女不过是一些演员，他们有下场的时候，也有上场的时候，人的一生之中要扮演好多个角色。”每个人在与他人交往时，都希望自己在别人心中留下一个美好的印象，因此就会对自身进行印象管理。

所谓“印象管理”，即印象控制，是指一个人以一定的方式去影响他人对自己印象的过程，使他人对自己的印象符合自己的期望。同时印象管理也是一个人对外展示自我的第一重门，正如当下最流行的说法：这是个看脸的社会，要让别人有进一步了解你的欲望。

## 思　考

### “看脸的社会”，如何进行个人形象管理

虽说“人不可貌相，海水不可斗量”，但是不可否认，个人形象在工作中影响着你的升迁，在商业上影响着你的交易，在生活中影响着你的人际关系，它无时无刻不在影响着你的自尊和自信，最终影响你的幸福感。

个人形象是一个人内在修养、素质的外在体现，具体表现为一个人的行为举止、仪表仪态、语言谈吐，以及由此而形成的气质和风度。它包括外在形象和内在形象。就第一印象而言，每个人都只有一次机会。就以1960年美国总统选举事件为例，尼克松的民意测验高于肯尼迪，但是最终却是肯尼迪入主白宫。成败关键在于一次电视辩论会：一脸憔悴的尼克松PK充满阳光的肯尼迪。当年的尼克松虽然思维敏捷、口齿伶俐，但是由于身患重感冒，衣服松垮，加上没有化妆，暗青色的两腮好像涂了胡须膏，强烈的灯光在他的眼窝周围留下了很深的阴影。反观肯尼迪，服装雅致、整洁，经常的体育锻炼使这个身高1.85米的人显得健康结实、精神饱满、气宇轩昂、风度翩翩，结果肯尼迪以49.9%对49.6%战胜了尼克松，因为人民希望未来的总统是充满活力、具有崭新的领袖形象的。

虽说“人无完人，金无足赤”，我们做不了完美无缺的圣人，但是却可以通过后天的努力拥有良好的个人形象，在提升自我形象的同时，也增强

了自信心。要维护好个人形象，需要做到以下几个方面。

## 一、仪容清爽

仪容是指一个人的个人形体的基本外观。在正常情况下，一个人的面部容貌更为引人注意，美化仪容就要力争做到仪容美，并且为此进行必要的美化和修饰。人所共知，在国际交往中，通常要求男子鼻毛、耳毛不外露，不留长发；女子则不剃光头、不剃眉毛，不宜暴露腋毛，不宜化浓妆，不宜刻字、纹身，不准躬身、哈腰，不准蓬头垢面。在人际交往中，每个人的仪容都会引起交往对象的特别关注，并将影响到对方对自己的整体评价。因此，一个好的外观形象会让别人对自己有一个好的印象和看法。

## 二、表情自然

表情通常主要是一个人的面部表情，它包括眼神、笑容以及面部肌肉的综合运动等。表情可以传达人的思想，可以说是人的第二语言。从本质上讲，表情是一个人内心思想、情感的最真实、最自然的流露。与传统语言相比，一个人的表情会更准确地“发声”，更能准确地传达出其真情实感。在人际交往中，最适当的表情应当是亲切、热情、友好的，不论是表情夸张，还是表情沉重，抑或是面无表情，都是不应该的。

## 三、举止端庄

人的举止动作在个人形象构成中也很重要。在与人交往中，行为举止要有风度，风度就是优雅的举止。优雅的举止，实际上是在充满了自信的、有良好文化内涵的基础上的一种习惯的和自然的动作。举止要文明，尤其是在大庭广众之下，我们必须树立个体代表集体这样一种理念。比如，不能当众随意整理我们的服饰，不能当众处理我们的生活杂物。简言之，举止要优雅规范，即所谓的站有站相、坐有坐相，手不要乱放，脚不要乱蹬。

## 四、服饰得体

服饰是对人们穿着的服装和佩戴的首饰的统称。一个人在服饰方面所做出的选择，不仅体现个人的审美品位，而且充分反映个人修养。古今中外，服饰着装从来都是体现着一种社会文化，体现着一个人的文化修养和审美情趣，是一个人的身份、气质、内在素质的无言介绍信。从某种意义上说，服饰搭配是一门艺术，它所传达的情感与意蕴不是语言所能替代的。

在不同场合，穿着得体、适度的人，会给人留下良好的印象，相反则会降低人的身份，有损其形象。在社交场合，得体的服饰是一种礼貌，在一定程度上直接影响着人际关系的和谐。而影响服饰着装效果的因素，第一要有文化修养和高雅的审美能力，所谓“腹有诗书气自华”。第二要有运动健美的素质，健美的形体是着装美的天然条件。第三要掌握着装的常识、原则和服饰礼仪的知识，达到内外和谐统一美。

## 五、谈吐不俗

谈吐是一个人的言谈话语。常言道：“言为心声。”一个人的谈吐在人际交往中，除了可以传达其思想、情感之外，还具有表达其对待交往对象的态度的作用。同时，谈吐反映了一个人的思想水平、知识修养、道德品质和语言表达能力，也是自我形象的重要体现。“语言是人的力量的统帅”，语言是展现自我形象魅力最重要的手段之一。一位美国心理学家曾把语言称为“我们的开路先锋”。

要拥有自信不俗的谈吐，首先要做到态度端正，以诚为本，用热情和平易近人的态度拉近与听话人之间的距离，给人以可信度和安全感。其次要做到神情专注，在谈话时应精力集中，神情专注，不能左顾右盼、东张西望。再次,谈话内容应根据交谈的实际情形而定,有明确话题时,谈话内容就要相对集中;没有明确话题时,则可以选择一些健康有益的、对方感兴趣的话题。最后,在表达方面要得体,应根据不同场合、不同对象、不同内容,使用不同的语气措辞和语调声态。

## 六、待人接物

待人接物具体是指与他人相处时的表现,即为人处世的态度。它体现的是一个人的精神境界,并表现于人际交往的各个方面。一个人即使个人修养再好,如果不懂得待人接物之道,那么也难以在人际交往中获得成功。

重视待人接物,不光要运用常规的技巧,还要善于理解人、体谅人、关心人、尊重人,即要做到尊重他人、热情待人、真诚做人。

个人形象如同一间店铺的门面,一个人形象的好坏,直接决定了一个人的气质,代表了一个人的品位和价值观,甚至可以说个人形象的好坏直接决定着人际交往的成败。良好的个人形象是通过成功的人际交往逐渐树立起来的。因此,对学生来讲,树立得体、自信的个人形象对日后走上工作岗位大有裨益,也会为自己的职业生涯发展大大加分。

**探 究**

### 内外兼修,给自己打造一张“金名片”

你的形象就是你的名片,这张名片究竟是烫金描银,还是印花镶边,抑或是一张粗糙苍白的劣纸,都会从你的形象上反映出来,然后直接映在别人的眼中。当今社会,人们非常看重形象,很多人会因自己的平庸粗鄙而耿耿于怀,也有很多人会因为自己拥有超凡清丽的形象而信心倍增。

中职学校的学生常常会因为一些原因导致自信心不足,从而不敢展示自己,也不知道如何表达自己。那么,个人外在形象就是自我展示的第一步，也是你递出去的第一张“名片”。因此，诸暨技师学院旨在提高学生自我展示能力，引导学生树立良好的个人形象，为学生日后走出校门、走上工作岗位储备力量。

## 一、内重修养——腹有诗书气自华

所谓“修”就是整治、提高，求其精美。“养”就是培育、养成。“修养”其本意是“修身养性”“反省体验”。当今社会，“修养”被赋予了更多含义，包括思想品德、学识能力、言行举止和待人处事等方面的内容。此外，修养对于不同的群体，要求也是不一样的。中职生是社会主义建设的第一线劳动者，他们直接面向企业，面向现代化，是一支振兴民族、建设国家的强有力的队伍。对中职生而言，在道德品质、技术水平、言行举止等方面都应该有更高的要求。诸暨技师学院通过抓好学生文化修养和职业修养两大内容，从内而外改变学生的精神面貌，增强学生的自信心。

### （一）培养学生的文化修养

诸暨技师学院语文组提出了“语文教学减负增效”的目标，一方面是为了适应当前语文教学的改革形势，进一步提升语文教学的质量；另一方面也是为了给学生更多自我发展的空间。学校语文组根据“分工合作，共同提高”的备课原则，成立了基础知识组、诗歌鉴赏与文字表述组、文学作品阅读组、媒体阅读组、文言文阅读组和作文训练组六个备课小组，切切实实地备足备好课，他们相互合作、相互分享。此外，语文组还要求相关教师在精品教案中，体现语文知识的综合运用，促进学生语文能力的提升。此外，除了课堂阵地，学校还开展了“全民终身学习”主题班会，以书籍推介会、我的读书心得、好文诵读、名人学习故事、学优生学习方法介绍交流等多种形式开展活动。学校组织全校师生在电子阅览室开展“我读一本好书”——数字化阅读周活动和“借读书籍爱学习”——全民学习周活动。系列活动的深入开展为广大师生创造了更广阔的阅读空间,营造了浓厚的学习氛围,从而提高学生的文化修养,为学生日后能更有"底气"地展示自我奠定了基础。

### (二)培养学生的职业修养

学校为培养学生的吃苦耐劳精神,给学生制定了合理的日常行为规范,安排学生参加体育锻炼。同时制定并落实《班级财产管理制度》,以聘请专职保洁员、设立班级包干区、实行值班制等多种形式进行班级日常保洁。学校进一步深化"7S"管理制度,积极开展各类文明评比活动,提高学生的责任意识。

职业能力大赛是提高学生职业素养的重要载体和有效途径。学好专业技能,是每一个学生的责任和义务,也是将来踏上工作岗位、步入社会的立身之本。学校在新课改背景下大胆尝试,敢于探索,勇于创新,帮助学生增进学识,强化技能,培养学生勤学苦练的意志,为自己的未来打下扎实的基础。学校建设了一批精品社团、技术工作坊、项目俱乐部,旨在帮助学生提升专业兴趣和团队协作能力。学校还分期分批开展专业内的人人赛、技能运动会、开放日、艺术节、体育节,每学年在班赛和全校大赛的基础上,择优推荐优胜者参加省市各类大赛,争取大赛成绩逐年提升,到2019年学生参与率达100%。同时,学校以校企深度合作为路径,以中职选择性课改和现代学徒制为抓手,积极增强学生创新创业的意识和能力。

## 二、外塑形象——人靠衣装马靠鞍

巴尔扎克在他的《风俗研究》当中有段话:"服装表现的就是人本身,他的政治信仰、生活方式,说穿了,就是人的象形文字。如果不是这样的话,那怎么在表现人的多种方式当中,常常只有服装才能最雄辩地把人展示给他人。”

为此，诸暨技师学院从开学抓起，每年新生一进校，就组织各班班主任开好第一次班会，上好“开学第一课”，把新生入学月作为文明习惯养成月，如每年的新生军训活动、新生仪容仪表检查活动等。就发型而言，得体的发型能给别人良好的第一印象，中职学校的不少学生未能在初中阶段树立正确的审美观，习惯留着怪异的“光头”“刺猬头”。学校对这样的发型一律严查，要求学生统一理发。规定男生不得留长发、剃光头，不得染发、烫发，不理碎发，要做到前不扫眉、旁不遮耳、后不过颈，不留怪异发型；女生理运动短发或扎马尾辫，前额刘海儿不过眉，不涂脂抹粉、不画眉毛，不画眼妆、不抹口红、不涂指甲油，不得披头散发、染发、烫发，不梳怪异发型。

学校除了要求学生保持干练清爽的发型，还对学生的服装进行了统一要求与规定，要求学生在校园内必须带校卡，不得戴耳环、项链、戒指、手镯、手链等饰物，不得穿拖鞋、运动背心和运动短裤进教室，女生不得穿高跟鞋。所有学生在参加学校集会、军训、升旗仪式时，在校学习和参加重要活动时必须按规定统一穿着校服。为了让学生对校服、校卡更有认同感，学校让广大师生共同参与校标、校徽、校服、校卡的设计和评选。

此外，学校还要求所有专业学生在进行实训教学过程中一律穿工作装，按照企业生产的标准要求进行服装统一管理，如酒店管理专业男生着西装、打领带、穿皮鞋，女生着套装或套裙；烹饪专业学生穿白色工作服和白色高顶帽；机械工程专业学生穿深色工作服，并且戴手套及防护面罩……如今的校园里，学生的仪容仪表完全符合中学生要求，他们衣着整洁得体，略带稚嫩的脸庞上流露出的是现代学子的蓬勃朝气、阳光自信和健康向上。

## 第二节　职业礼仪的魅力

礼仪就是律己、敬人的一种行为规范，是表现对他人尊重和理解的过程和手段。礼仪的“礼”字指的是尊重，即在人际交往中既要尊重自己，也要尊重他人。古人讲“礼仪者，敬人也”，其实说的正是一种待人接物的基本要求。

如今的我们生活在重形象、讲礼仪的商业时代。所谓“人无礼则不立，事无礼则不成”。现代商务礼仪体现的是个人职业素养，对现代职业人士而言，他们拥有丰富的礼仪知识，以及能够根据不同场合应用不同礼仪，往往能让自己的事业如鱼得水、事半功倍。

思　考

### 不知礼则失礼，失礼则无人理

在漫长的人生道路上，大概很多人都会有这样的困惑：为什么有些人走到哪里都会受到大家的欢迎，做什么事情都是游刃有余？为什么有些人总是不受人待见？作为一名职场从业者，你是否敬业，你是否知礼懂礼，不仅关乎个人形象，还关乎你所在企业的形象。思想决定行动，行动决定命运。一个人有什么样的思想境界，就会有什么样的命运。想要成功的人生，礼仪必将先行。正如俗话所说的：“不知礼则失礼，失礼则无人理！有礼走遍天下，无礼寸步难行。”

目前，很多中职学校的学生缺乏礼仪意识，不懂得礼仪规范，不文明的言行举止比比皆是。原因主要有以下几个方面。

一是家庭礼仪教育的缺失或不足。中职生中有一部分来自农村，随着城镇化进程的加快，很多农民进入城市打工，导致大量留守儿童出现，有的家长甚至放弃自身应承担的教育角色和责任，对孩子放任不管。由于长期得不到父母的监督和教育，这部分学生往往缺乏最基本的教养。此外，还有部分学生由于特殊的家庭背景，从父母身上学到一些负面的内容，直接导致学生养成不文明行为习惯。

二是受社会中不文明现象与不良人群的影响。随着时代的发展、生活节奏的加快，人们的思想行为也变得浮躁冲动，社会生活中各种不遵守礼仪规范、不尊重社会公德的现象时有发生。影视媒体中也充斥着大量不文明信息，学生耳濡目染，影响了正确礼仪行为习惯的养成。

三是学校忽视礼仪教育与实践。虽然现在学校一直在强调素质教育，但是不可否认还有不少学校处在考试指挥棒的束缚之中，要求学生将更多的精力投入提高学习成绩上，而较少关注学生道德素质的培养。因此，针对这类现状，中职学校必须把学生礼仪教育，尤其是职业礼仪教育提上日程。

## 一、礼仪教育是中职学校素质教育的需要

中职生的素质包括了思想道德素质、文化素质、职业素质等。礼仪属于道德的范畴。“德诚于中，礼形于外”，德与礼互相依托、相辅相成。礼仪本身是一种既具有内在道德要求，又具有外在表现形式的行为规范。人们在交往中表现出来的互相尊重、诚恳和善，都源于良好的道德品质。礼仪教育能提升中职生的思想道德素质。此外，职业礼仪是职业素质的重要组成部分，而礼仪教育与实践则是提升学生职业素质的重要途径之一。

同时，礼仪教育也是中职学校校园文化建设与内涵建设的重要内容，对内能促进同学、师生间形成良好的文明礼仪风尚，创造良好的校园文化环境，对外又可以起到整体展示和宣传学校美好形象的作用，从而有利于提高中职学校的社会认可度，对学校毕业生就业及长期发展等都起到促

进作用。

## 二、礼仪教育是中职生实现成功人际交往的需要

在现代社会生活中，人与人之间的交往越来越频繁，而礼仪是人们交往规范的集中体现。在中职生的日常人际交往中，礼仪素质至关重要，良好的形象、得体的语言、优雅的举止，都会给人留下良好的第一印象，有利于他们在日常学习生活与日后工作中建立良好的人际关系。

此外，礼仪教育还是中职生塑造良好仪表形象的需要。仪表形象是一个人仪容、表情、举止、服饰、谈吐、教养的集合，反映着一个人的精神面貌、人生态度。中职生正处于自我意识较强的成长阶段，有着强烈的求知欲和表现欲，期望提高自身的素质和礼仪修养，从而在社会上展现出个人的风采。但是他们在日常生活中又不拘小节，不习惯受约束，有着许多不良的行为习惯，部分中职生甚至错误地认为不拘小节、不修边幅是潇洒、张扬个性的表现。礼仪教育其实就是在尊重学生个性的基础上，从穿着打扮、言行举止、仪容仪态入手，让学生在学习思考和展现自我的过程中，认识到什么是当代学生美好的精神面貌和个性形象，什么是有悖于礼仪和社会公德的个性形象，从而达到矫正不良习性、展示良好仪表形象的目的。

## 三、礼仪教育是中职生职业发展的需要

首先，礼仪教育是学生社会实践的需要。中职生要通过参与社会实践认识社会、锻炼工作能力、积累工作经验，为未来就业和职业发展打好基础，而要获取更多更好的社会实践锻炼机会，除了知识、能力、态度之外，礼仪素质是重要的敲门砖。

其次，礼仪教育是学生面试求职的需要。在当前就业形势日趋严峻的情况下，面试求职过程中，经常是仪表端庄、温文尔雅、彬彬有礼、善于

言谈的学生更能得到用人单位的青睐，赢得较为理想的工作机会与岗位。而中职生在学历处于弱势的情况下，更要通过礼仪教育提升礼仪修养和综合素质，增强在求职过程中的竞争力。

最后，礼仪教育是学生未来职业发展的需要。中职生毕业后即走向社会，作为一个职业人，要想在未来的职场中求得更好的发展并有所作为，个人的职业素质、职业意识至关重要，而礼仪素质则是其中必不可少的重要内容，它能为未来的职业发展奠定基础。因此，中职生在校期间的礼仪教育必不可少。

探　究

## 播礼仪之种，开礼仪之花

对于用人单位来说，他们看重的除了学生是否具备一定的技能技术水平，更重要的还有学生是否具有吃苦耐劳的精神、良好的礼仪素养、诚实守信的精神和服务意识等，即用人标准正在从以往的“实用型”逐渐转化为“综合素养型”。因此，中职学校在培养学生的过程中应重点强调德育教育，而德育教育以礼为先。

### 一、将礼仪教育纳入课程体系

良好的个人礼仪是一个人魅力的体现，它受我们的道德品质、文化素养、教养良知的制约，是道德品质的外在表现。正如孟子所说的“敬人者，人恒敬之”。不管是在生活还是职场中，学生势必要与形形色色的人打交道，人际交往是每个人终身都要作的大文章。因此在交往过程中，语言行动的得体显得十分重要。文明的言谈举止，会使他人乐于接近，反之，则会令他人疏而远之。尤其在职场中讲礼仪，能展示一个人的职业形象，从而有助于职业生涯的成功。

诸暨技师学院为了让学生真正做到知礼懂礼，针对不同专业学生的现状和需求,积极开发有关礼仪方面的教材,将职业礼仪教育纳入德育课程体系中,利用课堂教学让学生接受系统的礼仪知识教育。为了加强学生对礼仪教育的接受度和认同感,学校还积极创新礼仪教育方式方法,鼓励教师探索一些行之有效的方法,如案例分析、学生示范、视频观看等,把教育内容与学生生活中的典型事例编成小品、相声、课本剧等节目,以节目表演的形式展现出来,使学生从中接受礼仪教育。教育传授的内容包括服饰、仪态、用语、问候、谈话、行走、迎宾、就餐、打电话等多个与学生日常生活、学习和工作相关的礼仪知识。

### (一)教师亲身示范讲解

职业礼仪具有很强的规范性和实践性,而这种规范性和实践性在学习过程中是需要标准的示范和讲解的。在学生礼仪课程教学中,礼仪教师应现场进行规范性示范,并对每一个动作进行分步讲解和规范说明。

### (二)情景式教学

礼仪教师要把抽象的理论概念置于具体的应用条件之中并加以叙述,为学生创设一个模拟的情景,以小品、课本剧、自编相声等形式,让学生在“做中学”、在“实践中学”。例如,教师用事先编撰的职场情景剧本,在模拟场景中运用符合礼仪标准的称呼、介绍、身体语言进行上司和下属之间、服务者与客户之间的交流,然后再进行角色互换,让学生很快发现存在于自己和对方身上的优点和不足,进而达到良好的学习和巩固效果。

### (三)巧用现代化教学手段

多媒体教学具有形象直观和交互性的特点,将图形、图像、文字、动画、声音融为一体,能充分激发学生的学习兴趣,从而增加课堂容量,减少教学中的不规范因素,增强教学效果。例如,礼仪教师在讲授职业礼仪时，通过视频演示或者让学生观看相关电影，并对视频、电影中的内容进行分析，让学生对职场交往中的服饰、语言、动作都能有直观的了解。

## 二、营造充满礼仪气息的校园文化氛围

教育分为显性教育和隐性教育。显性教育主要是通过课程设置对学生进行礼仪知识的灌输教育，具有一定的强制性。而隐性教育主要是通过营造氛围让学生受到潜移默化的影响，于无声中自我熏陶。从心理学角度来说，人类具有归属动机，会受到暗示性、无意识等心理影响。在学校生活中，学生在归属动机的驱动下会渴望被集体接纳，因而有意无意地接受来自外界环境的影响，不自觉地被暗示和感染，从而转化为自己内在思想意识的一部分，并转为行动。

校园作为学生生活学习的地方，良好的文化氛围对学生礼仪的养成教育作用重大。为此，诸暨技师学院从校园软硬件环境建设着手，为学生营造一个“礼仪之花遍地开”的文化氛围。

### （一）深入实施“社会主义核心价值观进校园工程”

学校以“社会主义核心价值观”为引领，积极塑造“四种形象”：在社会上树立“依法治校、严谨治学”的形象；在家长心中树立“满意、放心、认可”的形象；在学生心中树立“学园、家园、花园”的形象；在教师心中树立“公正、公平、公开”的形象。学校还深入系统地引导学生养成文明礼仪“八礼”，包括仪表、餐饮、言谈、待人、行走、观赏、游览、仪式之礼，全面提升全校师生的文明素养。同时学校与当地派出所开展警校共治，针对校园内的歪风邪气，如聚众斗殴、私自外出、欺凌弱小等现象及时进行教育处理。

### （二）开展以“贤文化”为核心的校园文化建设

诸暨技师学院携手诸暨市“三贤”文化研究会，共探“贤文化”内涵，将

"贤文化"引入学校的教学育人工作中,将"贤文化"融于文明校园的创建之中,"以文养德",形成团结、文明、务实、创新的校风和学风。同时,积极开展以"文明班级、文明寝室、文明办公室、文明学生、文明教师"为主要内容的"文明"创建系列活动。学校还将"贤文化"系列丛书校本教材列为必修课程,融于《职业道德》《职业生涯规划》《就业指导》等课堂教学之中,指派专人负责"贤文化"系列丛书的课件开发,其中每个章节必须拥有1~3个课件,以此充实校园网"贤文化"学习专栏的数字资源,实现"贤文化"的全面渗透。

### (三)增强校园人文景观建设

学校完善"一廊二区三窗四墙"工程,即开设一条"礼仪长廊"、增加"教学区"和"生活区"、建立三个"主题宣传窗"、设置具有永久性标语的四面墙体,积极打造以"目标明、班风正、学风浓、特色显、班容美、活动好、协调佳、绩效优"为标准的文明班级,创建和谐健康校园,提升校园文明内涵。

## 三、礼仪教育与家庭教育、社会服务相结合

如果礼仪教育只是限于学校,缺乏必要的践行和实际操作空间,那么学生只会将它作为一种知识。为了使礼仪教育的成果用到实处,学校把礼仪教育的成果推广到学生的日常家庭生活与社会服务中。这样做的目的在于使学校的礼仪教育与学生家庭教育、社会服务之间环环相扣。

### (一)以家庭教育为基础,打造联手教育的家校网络

学校针对部分学生家庭教育缺失的问题,要求各班班主任充分利用双休日、课余时间、法定节日、寒暑假期、学期结束等时间段,通过上门家访、家校通平台、电话家访、QQ聊天、微信互动等多种形式,了解学生的

原生家庭背景。学校定期召开家长会，邀请部分学生家长来校参加家长会，共同探讨学生思想及行为状况的变化和发展趋势，交流家庭教育经验和方法。此外，在父亲节或母亲节等节日开展主题活动，要求每位学生给自己的父母打电话问候，或者帮父母做一件自己认为有意义的事情。学校还成立家长学校，定期开展座谈交流、校舍参观、课堂听课、实训见习、亲子互动等形式的活动。如邀请家长参加礼仪教育的主题班会，向家长宣传礼仪教育的目的、意义和要求，使家长明确良好的行为养成教育对孩子健康成长的重要性，并向家长传授礼仪教育的一般内容和方法，让家长成为学生的榜样，使家长配合学校做好学生的礼仪教育工作。

（二）以企业教育为契机，打造职业教育的校企网络

职场人现身说法，传授职场礼仪，对学生来讲是最具有说服力的。为此，学校邀请了企业家、企业干部、企业专家走进校园，开设课堂，由他们向学生介绍企业管理经验和用人要求，并在职业道德、专业理论、职场礼仪等方面给予学生指导，教育学生要认清形势、保持头脑清醒、端正做人，在具备脚踏实地的干劲和精湛才能的同时，也要学会正确的职场交际之道。同时，学校还邀请部分优秀毕业生来校作事迹报告或讲座，主要内容包括职业道德素养、就业经历、创业体会等，鼓励学生要有爱岗敬业的精神，并将他们的优秀事迹展示在长廊里。除了“请进来”，以企业领导和毕业生“现身说法”等方式，让学生认识到职场礼仪在个人职业发展规划中的重要作用外，学校还根据不同专业，组织学生到相应企业参观，去学习企业制度、体验企业生活、感受企业文化，实地感受作为一名职场人应该具备哪些礼仪素质和掌握哪些礼仪规范。

（三）以社会服务教育为依托，延伸传承礼仪教育的平台

学生的礼仪素养需要在真实的工作环境中体现，为此，学校通过各种

社会服务活动为学生提供了一个个展示自我的平台。学校成立了青年志愿者协会，让学生志愿者参与当地组织的茶文化节、妇女节、商洽会、篮球比赛等大型活动的礼仪接待服务工作。学生每月一次准时前往诸暨市城市广场、敬老院开展助民敬老活动。学生在志愿活动中，提高了自己的服务礼仪综合应用能力，使礼仪技能培养落到了实处。此外，学生在这种特有的环境中接触社会，对他们社交能力和社会适应能力的提升也有较大帮助。

## 第三节　沟通、表达与呈现

“人之所以为人者，言也。”沟通是人与人之间、人与群体之间思想与感情的传递与反馈的过程。一个人能够与他人准确、及时地沟通，才能建立起和谐的、牢固的、长久的人际关系。这种关系能够使得自己在事业上如虎添翼，最终取得成功。

石油大王洛克菲勒曾说：“假如人际沟通能力也是跟糖或咖啡一样的商品的话，我愿意付出比太阳底下任何东西都珍贵的价格购买这种能力。”由此可见沟通的重要性。然而，由于受到各种因素的影响和制约，中职学生中能说会道者甚少，应答从容流畅者也不多，口语表达能力普遍较弱。随着劳动力资源的开放，人才流动以招聘和应聘为主要方式，各种人才的就业、择业均有赖于自我“推销”。如果学生缺乏有效的沟通能力，就会使自己陷入“养在深闺人未识”的困境之中。

**思　考**

### 沉默不是金

孔子在与众弟子周游列国期间，有一次，弟子颜回被孔子看到未先敬天地及恩师，自己先“偷吃”饭。颜回因此受到严厉训斥。孔子正色道：“天地容你我存活，这饭不应先敬我，应当先拜天地。而你为何未敬天地及恩师，便自行偷吃？”颜回笑了笑说：“是这样的，我刚才掀开锅盖，想看饭煮熟了没有，正巧顶上大梁有老鼠窜过，落下一片不知是尘土还是老鼠屎的东西，正掉在锅里，我怕坏了整锅饭，赶忙一把抓起，又舍不得那团饭粒，就顺手塞进嘴里了。”至此孔子方才大悟。

由此可见，沟通是多么重要。21 世纪的社会更是一个社交化的社会，生活中的每一天我们都会与人交流。良好的沟通能力带给人的是幸福感、安全感和归属感，能带给人心理上的慰藉、精神上的愉悦、情感上的满足。事实上，人类社会一开始就是以沟通作为基本生活方式的。马克思曾指出：“人是一切社会关系的总和。”个人的生存和发展离不开社会，而人与人、人与社会之间联系的纽带就是沟通。“人是社会的动物，社会是人与人相互作用的产物。”从我们呱呱坠地那一刻开始，我们的哭声就标志着我们与社会沟通的开始。虽然我们每个人都拥有这种能力，但并不是所有人都能很好地运用这种能力。良好的沟通能力不是与生俱来的，而是经过后天培养、锻炼与不断的实践而得来的。

## 一、找准目标

人与人之间的沟通和交流，都是带有目的性的。就沟通本身而言，其目的是为了拥有更好的人际关系。因此，学校在培养学生的沟通能力之前要确立好明确的目标，找好沟通的方向，为进一步的沟通行为打下良好的基础。

所有的沟通行为都是围绕沟通目标而展开的，沟通过程中所产生的沟通行为也都是为沟通目标而服务的，如果最后的沟通结果与沟通目标背道而驰，那么沟通就是失败的。中职生在每次沟通中，应当做到对沟通目标心里有数，注意自己的言行举止是否与沟通目标相契合。明确的沟通目标犹如夜空中的北斗星，可以指引方向。只有在正确的道路上一路前行，才可以顺利到达目的地。虽然沟通充满了变数，可变因素有很多，但是只要有了明确的目标，就可以随机应变、从容面对、及时化解问题，沟通能力也能得到有效的施展，并随着沟通经验的积累逐步提高。

## 二、巧用技巧

良好的人际关系是建立在沟通原则、技巧与手段的基础上的。科学、合理地为学生进行沟通技巧与策略的指导，有助于优化学生的人际关系，让学生在未来的求职生涯中更从容地面对种种问题。

学会倾听。倾听是沟通的开始，有效的倾听行为是打开双方心灵、减少距离感的途径之一。有效的倾听主要体现为目光的自然接触、表情的认真与专注、采取面对面的倾听动作、精练而适时适度的语言肯定等方面。

态度诚恳。卡耐基在《雄辩术》中说："通常所谓的口才流利，就是说那人说话从心底里发出来的，里面充满了热诚。"因此，在双向沟通的过程中，学生要主动建立信任感，表现出热情与真诚的沟通态度。坦诚相待、用心沟通是促成和谐人际关系的法宝。热诚的沟通态度可以增强感染力、亲和力与友好度，瞬间安抚对方情绪、攻破对方的心理防线，达到高效零距离沟通的最佳沟通效果。

欣赏对方。欣赏是一种认可的态度，是提高中职学生沟通能力的重要途径之一。在人际交往中，欣赏对方，可以使对方产生自然、平和的情绪，你想要别人怎样对待你，你就要怎样对待别人，这是取得良好沟通效果的黄金定律。欣赏对方是认可对方的表现，同时可以赢得对方的接纳和认可，相互欣赏可以使沟通变得更加和谐和愉快。

## 三、慎选话题

话题是指谈话的主题，它的选择很重要。我们常说："酒逢知己千杯少，话不投机半句多。"这主要取决于话题的选择。在生活中，我们与熟悉的人沟通，由于彼此了解，很容易找到共同的话题，而在与陌生人沟通中，话题的选择则相对较难。

因此，为避免交流尴尬，在选择话题时应当遵循以下基本原则：一方面，试探了解，寻找共同点。首先可以谈论一些大家都熟悉的普通话题，如最近的热门新闻、体育赛事、文艺、天气情况、旅游、服装等；在交谈中通过不断倾听、观察来了解、推测对方，如对方的籍贯、职业、学识、经历、爱好等，从而不断深入，寻找双方的共同兴趣。这是与陌生人沟通最关键的一点。另一方面，我们也应该注意到有些话题是不宜选择的。比如，你完全不懂的、自己不感兴趣的、他人的隐私、自己与别人的恩怨、自己的成功经历等。

**探　究**

### "四步走"，培养学生成为"沟通达人"

众所周知，中职生与传统中学的学生有所不同，他们学习的目的更多的是希望毕业后可以更好地满足工作需要，这就对他们的沟通交流能力提出了较高的要求。为此，诸暨技师学院为培养和提升学生的沟通表达能力，让学生日后在应聘、工作过程中更好地展现自我，在教学和育人过程中，探索出了"四步走"方法，借以提高学生的沟通能力。

## 一、注重沟通表达练习的层次化

语言表达和交流能力是现代人才必备的基本素质之一。在现代社会，由于经济的迅猛发展，人们之间的交往日益频繁，沟通表达能力的重要性也日益增强。当前许多行业对从业者的沟通协调能力也相应地提高了要求，不同专业的学生，都要具有社交能力。因此，学校各专业教师在课堂上根据学生的学习水平把学生分成不同的层次，设置不同的任务，对学习水平较差的学生要求其完成简单对话与基本事件介绍；针对中等层次的学生可进行故事再创作与基本技巧训练，而对那些表达能力较强的学生则可以让其充分发挥自身的优势，进行有感情的演讲或者组织其开展辩论赛，重点培养他们的逻辑思维能力。

教师除了根据学习情况的不同进行分层化训练，还会充分利用每节语文课的课前三到五分钟，请学生上台演讲。例如，第一学期是自我介绍；第二学期是讲故事说见闻；第三学期是专业课的理论知识或者是专业实践活动描述；第四学期是即兴发言。如此循序渐进的训练，让学生在“大语文”的教育中，把口语表达训练和生活实际需要相结合，在生活中锻炼和提高。

## 二、注重沟通表达练习的多样化

首先，引导学生的口语表达练习与学校生活对接。教师在教学中可将口语表达练习与校园文化节、主题班会及团委活动课等对接，适时组织学生开展三分钟故事会、一人读一本书、创客体验周等生动活泼、丰富多彩的实践活动，让学生在亲身体验中分享和交流。学生在实践中克服了发言时的紧张心理，提升思维能力、表达能力，培养良好的文化修养和气质风度。

其次，为学生创设情境，引导学生开展对话练习。对话是人与人之间交流感情、沟通思想的主要方式。因此，在教学过程中，教师要为学生创设不同的场景，指导学生选择适当的话题进行口语对话训练。如在专业教学中，通过成立项目合作团队，组内分配角色定位和职位安排，模拟企业组织结构。在课堂前、中、后的作业均以项目任务形式布置给小组成员，让学生在完成项目、团队配合中学会与不同性格的人沟通，消除组织结构方面和认知行为方面可能造成的沟通屏障，使得组织团队成员之间的沟通协调能力得以提升。

## 三、注重培养学生的“倾听”能力

倾听是会说的前提，学生要先学会听懂别人的意思，再说出自己的想法和观点，这样才能更有效地进行沟通。美国科学家富兰克林曾经说过：“与人交谈取得成功的重要秘诀就是多听，永远不要不懂装懂。”然而大多数情况下，由于各种原因，学生会出现听力障碍，如只注意与自己有关的讲话内容、因注意力不集中而漏听、仅凭个人感觉或兴趣理解讲话内容造成误解、收听者与讲话者之间存在文化知识或语言水平上的差距、受环境干扰而使得注意力分散等。为培养学生的倾听能力，学校开设了《现代礼仪》选修课，教师尝试了以下做法：一是课前与课后让学生总结课堂的知识点、最受启发或者最感兴趣的内容与案例等；二是每次上课时轮流安排一个小组汇报与课程相关的视频或 PPT，全班学生做好相关记录并参与评分环节。汇报后小组成员接受其他小组关于汇报内容的提问挑战，如果成功回答，提问小组也要接受教师的提问挑战。

具体实施要求：一是听者要及时作出反馈，眼睛要主动与讲话者接触，对讲话者的语言和非语言行为（面部表情和身体动作等）保持兴趣并回应；二是要耐心倾听，不打断、不批评讲话者；三是必须做好信息记录，并能概述讲话者所说的内容。通过实践，各小组为了正确回答问题，无论是提问还是被提问的学生，都必须认真倾听。同时配合课堂提问加分竞赛激励措施，学生从消极地听逐步转为积极地听。

## 四、注重培养学生的理解能力

美国学者亚历山德拉提出了人际沟通中的“白金法则”，即在沟通中以他人为主,沟通双方积极主动适应对方的需求特点,注重理解他人的意图。而促使沟通双方达成“认同”是人们心灵沟通、换位思考、相互理解的有效方法,更是说服他人的一种有效方法。“认同”就是把自己要说服的对象视为与自己相同的人,并寻找到双方的共同点。

为了培养学生之间、师生之间、学生与家长之间的“认同感”,学校鼓励学生参加校内开展的各项活动,在活动中交流思想、培养学生的沟通能力。这些活动包括:参加演讲比赛、读书交流会,观看经典影视作品,交流观后感,参加招聘会,做学校的小导游,主动向家长、朋友介绍学校,协助老师组织各类文体活动比赛、技能竞赛等。学校还鼓励学生利用假期和实习时间积极参与校外的社会实践活动,如:会计专业的学生可以利用假期到会计事务所当学徒,旅游专业的学生可以到旅游公司或者是酒店当见习生等。在实践的过程中,学生通过与人打交道,学会了换位思考、求同存异、相互理解,更学会了活用“白金法则”,进一步掌握了沟通技巧。

学生在融入社会大潮后,沟通能力与技巧不但是一门交往艺术,而且其散发出的个人魅力、人品与个性,是学生未来就业和发展中的重要法宝。因此,有效提高学生的沟通能力,也有助于学生综合素质的全面提升。

# 第七章　在校本探索中成长

在面向中职生自我展示能力培养的校本化探索中，学校有诸多教师参与进来，或立足核心素养，或立足专业教学，或立足课堂改革，或立足职业指导，并有效结合自身工作，撰写了一批优秀的论文。本章仅遴选部分优秀论文进行展示。

## 第一节　注重核心素养培养，让技校生在自我展示中健康成长

2017年发布的《中国学生核心素养》中纳入了自我管理这一元素，提出要强化学生的自我认知、自我展示、自我服务等能力，并将其作为学生自主发展的重要素养。在浙江省教育厅出台的《关于加强培育中职学生核心素养的指导意见》中，同样强调要“塑造中职学生热情大方、向上向善、阳光自信的良好心理”。

事实上，早在2013年，笔者就针对“中职生自我展示能力培养的研究与实践”作了课题研究，深入发掘导致学生自我展示能力不足的“源头”，并进行了初步的探索。随着“零零后”新生代学生的入校，随着素养培育的时代诉求，笔者立足于本校技校生自我展示能力的实情，一方面以心育

为抓手,唤醒学生的自我认知,强化学生的自信心,让学生有自我展示的心理素养。另一方面以能育为主线,提升学生的技能水平,增强学生的硬实力,让学生有自我展示的专业素养,最终实现学生的个性全面、持续发展。

## 一、核心素养与自我展示能力的概念界定

**1. 何为核心素养**

"核心素养"一词并非横空出世。其实在世界技工教育范围内,已经出现诸如"21 世纪技能""关键素养"等概念,其内核都与核心素养如出一辙。《中国学生核心素养》研究成果以培养"全面发展的人"为核心,对"核心素养"的定义为:"学生应具备的,能够适应终身发展和社会发展需要的必备品格和关键能力。"笔者认为,技校生核心素养是对"关键能力"的升华,即在学生专业知识与技术能力基础上的,对学生品格、情感、态度等全方位的综合要求,是学生实现个性发展、全面发展、持续发展的"依托"。因此,"核心素养"是"软实力"与"硬实力"的合体。

**2. 何为自我展示能力**

中国自古崇尚"含蓄",意不直叙,情不表露,甚至"毛遂自荐"都能载入史册。对自我能力的"不愿意"表达,一定程度上导致了"不能够"表达。随着时代变迁,对"自我展示"的定义也在不断丰富,越来越多的中国人逐渐意识到"自我展示"的重要性。事实上,自我展示能力正是个体在竞争极为激烈的社会中脱颖而出的一种重要能力。笔者认为,"自我展示"就是通过运用专业技能、人际交往、个体演示等任意一种方式或多种方式组合,在一定场合向他人展示自己的特长或优势。而自我展示的正向实现则需要学生具备一定的心理素养和专业素养,综合叠加,就是"自我展示能力"。

通过对两个概念的认知，我们可以发现，自我展示能力正是技校生核心素养的重要组成部分，两者之间是包含关系。也就是说，对学生自我展示能力的培育能够大大推动学生核心素养的培育工作。

## 二、技校生自我展示能力不足的原因分析

### 1. 技校生自信心匮乏

自卑是大多数技校生的普遍心理状态。笔者在走访的 2016 级新生中发现，超过四分之三的学生存在自卑心理，他们把"我不行"当作口头禅。由于技校生不适应应试教育体制，因此在过去的成长环境中往往是"被忽略的群体"。渴望表扬而不得的他们，在逐步习惯了"姥姥不疼、舅舅不爱"的边缘性待遇后，慢慢就形成了"自我放弃"的人生态度。而在恶性循环之中，学生负面情绪激增，对自我认知不清，导致学生陷入自信心不足的桎梏而不能自拔。学生的心理承受力较低，从而缺乏自我展示的内在动力以及承担自我展示后风险的调适机制。

### 2. 技校生自我表现基因的"沉睡"

美国人类学家曼斯特认为："自我表现是人的一种社会需求，它表达了人的力量和意志。"虽然人类有自我展现的基因，但是大部分技校生的自我展示基因还处于"沉睡"状态。"沉睡"状态的出现主要有两个原因：一则受中国传统文化的影响，技校生在过去的十几年受教育经历中缺乏自我展现的空间与机会，从而大大削弱了学生的自我展示意识；二则由于学生自身能力的不足导致一部分学生陷入"无优势可展示"的尴尬境地，久而久之，就下意识地选择"遗忘"自我展示的内在需求。

## 三、技校生自我展示能力培育的路径创新

### 1. 心育——营造氛围，重塑自信，敢于展示

为了疏导学生对自我展示的"畏难"情绪，帮助学生克服自卑，重新树

立自信,笔者在校内积极推动“阳光工程”,全面深化心理健康教育。

第一,构建三维立体活动模式。活动是提升学生自信心的有效载体,学生能够在轻松有趣的活动中走出自卑情绪,悦纳自己、认可自己。为此,在笔者的倡导下,学校形成了“健心周”“健心月”“心理健康节”三维立体的心理活动模式,形成了全时段、全过程的心理教育特色。在三维立体活动模式下,学校定期、不定期开展各类活动,如举行《我的青春不迷惘》班报设计比赛、“理性平和,健康心态”主题班会、新生心理健康教育讲座、“百家讲坛之优秀毕业生”等活动,给学生创设多样化的展示舞台,让学生明白自我展示是正常需求,为“润心细无声”提供实践土壤。

第二,完善四级心理支持系统。支持系统的完善是心理健康教育能够深入人心、落地开花的有机保障。为此,学校进一步完善了四级心理支持系统:第一级为校级,成立“学生心理健康教育工作领导小组”;第二级为系部级,创建“心理健康辅导室”、选聘“心理成长导师”;第三级为班级级,选拔“班级心理委员”;第四级为宿舍级,选拔“宿舍心灵护航员”。四级心理支持系统既包括学校中层干部、专业心理教师,也包括学生榜样,从而形成了“人人参与、分层关注、因材培育”的心理健康教育氛围。

第三,打造模块进阶课程体系。课堂永远是学生心理健康教育的主阵地。为此,学校以心理训练为基点,打造了模块进阶的心育课程体系。以心理认知模块为例,学校开设了“你认识到自我了吗”“展现你的目标和需求”“自发地讲明内心情绪,尤其是负面情绪”“ 把机会掌握在自己手中”“敢于充分地展现自我”等一系列进阶式的项目课程。学校还开设了“人际关系”“生涯规划”“职场与体验”“情商知多少”“我的情绪我掌控”等一系列配套的选修课程,拓展心理教育课程的内涵,引导学生正确认知自我,从而乐于展示自我。为了发挥榜样的力量,学校还专门编写了校本教材《创业者之歌》,人手一册,作为学生的课外读物。

**2. 能育——搭建平台，巩固能力，善于展示**

笔者认为，自我展示是一种素养，更是一种能力。可持续性的能力，不仅需要心理“软件”作为保障，还需要一定的“硬件”作为支撑。为了让学生从有意识到有行动，在走向社会、走进职场后具备能够进行自我展示的雄厚“资本”，学校将自我展示能力培育的切入口放在了职业综合能力的培育上，具体包括创新能力、专业能力、实践能力三个方面。

第一，创新先行，拓宽视野。创新首先是一种精神。这种精神的滋养能够让学生形成创新的思维，形成开放、前瞻的择业观，为学生自我展示的灵活性奠定基础。在针对学生创新能力培育上，学校开设反映新知识、新学科的课程或者研究性课程，采用研讨式、沙龙式的教学模式，搭建“育才 1 号”创新创业园区，成立“发明协会”，开展“三小”（小发明、小创造、小论文）与“奥林匹克头脑擂台赛”“小爱迪生杯发明能手评选”“科技创新节”等系列活动。与此同时，为了拓宽学生的专业视野，形成具有专业特色的创新能力，学校还设立了以专业功底扎实、教学经验丰富、责任心强又兼具创新意识的陈建明等名师为“导师”的专业双创实验室。得益于此，学校掀起了电商创业热潮，学生在周一至周四的下午、晚上参加校内创业园区内的电商实践，以团队或个人方式自主运营香榧等乡土特色淘宝店，其余在校时间则在教室学习。目前，校内学生已开设网店 40 多家，微店 50 多家。

第二，技能加持，提升水准。专业技能素质是技校生有别于其他学校学生的“核心竞争力”，也是学生自我展示的关键。为此，学校对校内实训基地进行升级改造，推行实践导向、任务驱动的教学模式，使学生实践动手时间与理论学习时间真正达到 1∶1；深化校外实训基地建设，打造校企双元育人共同体，让学生提早进入生产岗位，培养符合企业标准的岗位实操能力；试点“走班制”，将教学行政班级按照学生的学习基础、兴趣爱好、专业特长、发展方向、学习态度等不同标准，划分为A、B、C三个不同的层次，组成动态教学班，让学生真正成为“一专多能”的复合型人才。在近三年的企业用人调查统计中发现，用人单位对学校毕业生满意度达98.3%。

第三，发挥特长，发展个性。为了能够让学生与行业、企业无缝对接，并为学生未来个性发展奠定基础，学校根据学生的就业方向和岗位需求组建了专业社团，从而让个性特长融入技能训练，技能训练融通岗位发展。目前，学校基本形成了一专业一品牌社团的格局。例如，汽修专业的“汽修中心”、旅游专业的“导游小分队”、美工专业的“顽石社团”，其他还有“园艺俱乐部”“爱心报刊亭”等兼具公益服务性质的专业社团。

## 四、总结

心育与能育的双管齐下，使大部分学生冲破了传统的价值观念，具备了较强的自我展示意识和自我展示能力。越来越多学生愿意主动参与、习惯自我管理，树立了具有时代气质的技校生新形象。而这仅仅是技校的探索。在素养导向的当下，对技校生自我展示能力的培育任重而道远，未来，学校将直面“互联网＋”，更多地着眼于学生自我展示平台的搭建，通过信息化技术的应用，实现技校生自我展示的“无界化”，从而帮助学生优化展示手段，降低展示风险。

（王铁江）

# 第二节 核心素养下实施明星式管理的研究与分析

## 一、背景:

中职学生核心素养,是中职学生应具备的适应自身全面发展和社会发展需要的必备品格和关键能力。但中职生源不容乐观,部分学生存在家庭条件落后、父母离异、单亲孤儿、学科基础薄弱、自身行为习惯差等现实问题,个别学生存在思想素质较差、文化基础薄弱、专业技能不强、身心亚健康的素养缺陷。同时,不同学生个性表现、素养基础差异较大,加之很多学生正处于青春期的叛逆阶段,导致实施核心素养建设的难度有所加大。现在我以电工专业为例,进行核心素养下人才培养模式的研究与分析:电工类专业是理论性、抽象性强,实践性要求高的专业,这就要求广大教师改革传统教法,研究适合学生实际的新教法。调整教学方法,适应学生心理特征,达到教与学的相互适应,开发这批学生的潜在智能。所谓"尺有所短,寸有所长",大家都知道"优生""差生"具有相对性,"优生"的出现,是因为他适应于某个教师的教法与教学组织形式。所以,电工教学必须适应学生实际情况,在教法上打破那种教师花了很大的力气,学生学习负担又很重而最后收到的效果甚微的被动局面。

## 二、新教法的推出与可行性分析

希望受到别人的尊重,企盼得到上级的重视,甚至成为引人注目的明星,大概是每个人心底的想法。从一定程度上讲,职校生由于历史遗留问题而具有一个共同的特征,那就是他们都不愿意被人领导,但这并不是说他们不需要成就感。专业老师要管理好这批学生，必须做一个仁爱的保护者，采取明星式管理。老师要为自己的学生撑起一把保护伞，让他们的创意之“火”不被制度的“雨水”所浇灭；要为他们创造一个宽松的环境，鼓励他们去试验、去参与，甚至失败都没有关系，放手让他们发挥自己的创造力；要尊重他们，不能随便敷衍、一味恭维，而是要进行开诚布公的对话；要让他们明白大家是互相依靠的，有些事情他们单打独斗一时半会还做不了。为此，专业教师要展示出自己的专长和权威，同时又不要挫伤他们的积极性。

明星式管理实质是在保护他们的同时给予他们大显身手的空间，从而落实“以任务为主线，教师为主导，学生为主体”的教学模式，训练学生动手操作技能，使学生在动手中摸索、发现、理解原理，使学生的自主性得到充分发挥。这种教学模式能够促进学生智能的发展与整体素质的提高，有利于其德智体全面发展和将来社会行业适应能力的提高，为学生的可持续发展奠定基础，贯彻“全面发展”“面向全体”的教育方针。

## 三、新教法的具体实施

### 1. 以任务为主线，制订明星式考核体制

学生必须学好专业技能，这是每一个职校人的责任和义务，也是将来步入社会、踏上求职岗位的立身之本。以往检验教学效果的手段是在期中期末进行理论考试，并以此量化考核。但随着我国社会、经济、科技的发展和教育结构的调整，全国中等职业学校的培养目标和业务规格定位在“高素质劳动者和中初级专门人才”上。因此，重视实践性、应用性，扩展知识面成为我们教学改革的目标。从我们学校的学生毕业后的从业情况看，企业对实践技能的要求很高，需要学生通过大量的技能训练获得相应的用电知识和动手能力。因此，我们结合电工考级，重新安排教学内容

和学时，把实验课内容和电工考级的技能训练内容放在一起开设，同时加大课时数，把电工考级引入电子电工的教学中。“没有压力就没有动力”，这样既能让学生有学习的目标，又能引起学生对这门课的重视，同时，也能激发学生的学习兴趣，变被动为主动，使实验技能训练的效果得到一定的提高。在职业技能资格证考核中，学校需要进行专业基础理论知识的应知考核，同时还要进行应会能力考核。这就要求考证实训必须与实践性课程相结合，根据应会的要求进行综合化改革，教学形式可采用一体化教学模式，即采用边教、边学、边做的方法进行，做到教学内容尽量与考证挂钩。同时也要求改革传统的实验教学方法，尽量减少验证性实验，增强综合性、设计性、操作性实验，变实验过程为基本专业素质的培养过程和考证前的培训过程。

学校将学生的技能学习分成三个阶段，并分别采用不同的培养方案。一是在技能涉猎积累阶段，通过成立一批精品社团、技术工作坊和项目俱乐部，让学生广泛涉猎各项技能，进一步提高学生专业兴趣，提升团队协作力。二是在技能竞争积累阶段，分期分批开展各专业的人人技能赛、技能运动会、家长开放日、艺术节、体育节等活动，让学生初步具备在竞争中学习技能的意识，培养竞赛的自信心和成就感。三是在技能成熟晋升阶段，择优推荐学生参加全国、省、市各类大赛，并且聘请企业技术专家对学生进行有针对性的技能辅导，让学生的技能不仅能够具有大赛竞争力，而且能够符合企业的技术岗位要求，做到一举多得。

**2. 以教师为主导，打造明星式量身之作**

教师把书本上的知识传授给学生，让学生能够考出好成绩。如果一个教师的职业理想还只是停留在这个状态，显然已经落伍。人工智能的出现，核心问题并不是谁要取代谁，而是提出了教育在新形势下的新走向。教育该如何冲破机械化灌输的传统束缚，去反思如何由“教书”向“育人”作出更大的跨越与转变;怎样从以分数为重的“硬教育”转战到以素质为核心的“软教育”上来,多探索些培育全面发展人才的机制,这是人工智能时代教师的重要任务。正如杭州第二中学校长尚可在首届未来教育家论坛上所说,在学生核心素养培养的方面,教师的作用是不可替代的。

在教学过程中,教师是主导,情景的设置、观察的方向、问题的提出、解决的思路、讨论的主题、操练的步骤等等,教师都要精心设计。教师是参与者,应主动加入学生的讨论、交流之中,同时作为指导者,又要对学生的讨论、交流不断起促进和调节作用,把问题不断引向深入。在交流过程中让学生各抒己见,畅所欲言。发现问题及时指导,对学生的观点要有一个明确的答复,即使学生的回答是正确的,也要追问一个“为什么”,同时征求其他同学还有没有不同的看法。学生的思维这时往往会迸发出创造性的火花。因此,教学中教师要特别注意正确地引导和教育,要鼓励学生大胆发言,对提出错误观点的学生,不要一棍子打死,要及时“点拨”和“引导”,要分析其错误产生的根源,并且纠正错误,让其他学生引以为戒,这样学生记忆会更深刻。教学就是要善于启发引导,要引导学生而不是牵着学生走;要鼓励学生而不是推着学生走;要启发学生而不是代替学生得出结论。总之,在教学中以教师为向导,全面把握好学生在学习过程中的反馈信息,及时进行调控,发挥教师的主导作用,从而使教师由知识的传授者、灌输者转变为学生主动学习的帮助者、指导者、促进者。在具体教学方法上,应考虑以下四个原则:一是问题要点和教学目标相契合;二是问题要有思维训练的价值,特别是能培养学生的想象力和创造性思维;三是问题要有层次,要符合任务分析的要求,又有学生间的差异性;四是问题表述要清晰。例如,我会询问学生电动机调速有哪些方法?经过一定时间的师生交流讨论,同学们给出了很多解答,可以改换磁极对数、调节电源频率、改变转差率,其中既有刚学过的知识,也有灵活的“投机”,更有创造性的奇思妙想,同时这也容易营造轻松和谐的课堂气氛。“讲之功有限，习之功无已”。“导而弗牵”是教学的真谛。教师时代应该成为历史，取而代之的应该是导师时代。

**3. 以学生为主体，展示其明星式实力**

在电工教学中，教师始终要理论联系实际，用生动活泼的教学语言，通过演示性实验与课堂教学相结合的方法，激发学生的学习兴趣，活跃课堂气氛。将灌输式教学方法改为启发式、理论和实际相互渗透式的学习方法。采取在实践中讲解理论，再用理论指导实践的教学模式。当然，学生要自己动手做实验，利用已掌握的知识归纳出自己的观点，他们经过动手动脑，就理解了复杂难懂的概念。对于那些容易混淆的概念，比如，“相电压”与“线电压”，就要认清概念之间的联系与区别，在同化概念的同时，使新旧概念分化，从而深刻理解专业用语。如何进行这一步呢？还是要结合实践操作，选择一个星形接法三相电路，测得相线与相线之间的电压，相线与零线之间的电压，数值就说明了一切。特别是我们可以利用专业优势，可以在带领学生承担学校照明电路维修任务的同时，激发学生的专业兴趣。总之，分阶段考核让学生既明确了各阶段目标，又分解了实习难度，既能增强学生自信，又能有的放矢，激发了学生的兴趣，充分发挥其学习积极性与主动性，使以学生为主体的教育思想得以贯彻，提高了教学效率。

著名语文特级教师于永正说过：如果有机会让我再教一届学生，我会让学生从我这里体会到尊重、平等、民主，我不会再把分数作为衡量学生的唯一标准，我会关注课堂上的每一个孩子，不再只是关注教案、教学，我要做学生的导师，而不只是教师。经过退休后的大反思，他更加明白“育人”比“教书”更重要，关注人的素养才是教育的本义所在。我们也是这样做的，学校通过技能比武等多种形式，对于成绩突出者授予“技能明星”的称号，并以可观的奖学金作为鼓励，对优胜班集体则命名为“明星班级”。

实践证明，学生在专业技能水平相当的情况下，如果得到老师的鼓励和鞭策，那么进步会更加明显，我们学校不断涌现的电工专业明星学生就说明了一切。明星式管理的教学模式不仅改变了原有教师机械地传授知识的局面，而且在实现传授知识的同时，灵活地培养学生的综合能力，提升学生的核心素养，并在一定程度上获得社会的认可。

（徐振宁）

## 第三节 “创新创业”视域下技工院校工匠精神的培育实践

### 一、技工院校培育工匠精神的必要性

在 2016 年 3 月的《政府工作报告》中，李克强总理首次提出“工匠精神”。工匠精神的回归和重塑，成为教育行业尤其是技工教育的热点。可以说，工匠精神作为技能人才品格的元素之一，对改善和提升中国工匠的内在品质、外在形象都有极大的影响。工匠精神是一种在设计上追求独具匠心、质量上追求精益求精、技艺上追求尽善尽美的精神，蕴涵着严谨、耐心、踏实、专注、敬业、创新、拼搏等可贵品质。要想让技校生形成精益求精、技道合一的工匠精神，不是一朝一夕可以完成的，是需要长时间的熏陶和培育的。作为一个在技工教育行业扎根二十多年的工作者，笔者认为，技工院校培育工匠精神的必要性有以下几点。

**1.“制造强国”呼唤工匠精神回归**

习近平总书记在十九大报告中指出，“必须把发展经济的着力点放在实体经济上”“以供给侧结构性改革为主线，推动经济发展质量变革、效率

变革、动力变革”“加快发展先进制造业，推动互联网、大数据、人工智能和实体经济深度融合”。实施中国制造 2025，加快从制造大国转向制造强国，一方面需要科技的进步，另一方面则需要培养诸多高技能、高素质的“双高”技工人才。从德国、日本等制造大国身上就能看到，正是他们对工匠精神的推崇，对匠心人才的高度重视，才有了辉煌的制造产业和制造品牌。反观我国，中国航天、中国高铁之所以能够取得举世瞩目的成绩，离不开幕后工作者们对工匠精神的坚守。因此，唯有厚植工匠文化、重塑工匠精神，才能实现“制造强国”的跨越式梦想。

**2.“百年品牌”以工匠精神为支撑**

日本调查机构最新的数据显示，截至 2017 年 8 月，日本超过 100 年历史的企业达到了惊人的 21666 家，其中超过 200 年的企业有 3000 多家。与之对应，我国百年企业只有六必居、张小泉、同仁堂、陈李济等。笔者在走访企业时了解到，我国中小型企业的平均寿命一般都在 2～3 年，集团公司的寿命也仅仅 8～10 年，与欧美企业平均 30 年寿命、日本企业平均 60 年左右的寿命相比，实在是相差甚远。这些数据所呈现的“真相”直指工匠精神，即“百年品牌”是以工匠精神为支撑的。反而言之，没有工匠精神，就不可能有“百年不倒”的中国制造。

**3. 工匠精神是技校学生个人发展的需要**

树人是技工院校的办学之本。当前，产业转型升级推动技工院校将人才培养的重点放在技师及高级技师的培养上，不仅要培养具有“一技之长”的专门型人才，更要培养德技并重的复合型人才。越来越多的企业将职业精神、工匠精神作为人才招聘的重要标准。因此，加强工匠精神的培育，是学生个人发展的需要。作为一种职业态度和精神理念，工匠精神能够引领学生形成积极的职业价值取向，增强学生的未来发展潜力。

## 二、创新创业教育与工匠精神

### 1. 创新精神与工匠精神互为补充

“大众创业，万众创新”，如同平地春雷，催生了一批又一批创客群体。在这个创新驱动的时代，要树立起中国制造业的全球品牌形象，就需要激发产业从业者们以创新为特质的工匠精神。工匠精神与创新精神并行不悖，既相互联系、相互统一，又相互平衡、互为补充。一方面，创新精神需要工匠精神作为支撑。另一方面，工匠精神以创新精神为动力。《尚书·大禹谟》有云：“人心惟危，道心惟微；唯精唯一，允执厥中。”专于其中，方成极致。也就是说，唯有工匠精神才能让创新创业走得更远。

### 2. 创新创业教育与工匠精神都是技工教育的重要组成部分

在创新型高技能人才的培育中，技工教育是必不可少的中坚环节。全面推进创新创业教育是技工院校在新时代的重要课题。而正如上文所说，工匠精神的培育同样离不开技工教育。因此，将创新创业教育与工匠精神“二合一”是大势所趋。目前，浙江省大部分技工院校都开设了创新创业课程，组建了创新创业团队，搭建了创新创业平台。但是，大多数学校在创新创业教育中大都强调创新思维、创新意识和创新技能的培育与训练，而缺乏工匠精神的融入。因此，笔者认为，技工院校要主动作为，“补上一课”，让技术与素养、知识与能力共同扎根，真正培育一批“全能型”双高人才。

## 三、在双创教育中强化学生的工匠精神

为更好地强化学生的工匠精神，笔者所在学校以创新创业教育为抓手，实施“分层培养、阶段递进”的“双创”教育实践，进行了大胆的探索与实践，切实提高学生以创新为特质的工匠精神，激发学生的成就感，提高

学生的自信心。

**1. 将工匠精神融入双创环境建设，让学生感受工匠之魂**

工匠精神的涵养受环境潜移默化的影响。为了强化学生的创新精神，笔者所在学校在校内设立了创新创业基地——育才1号电商创业园。近年来，立足于学校创新创业基地，学校对校内创业园进行了环境改造，积极打造基于创新实践平台的"产业文化博物园"。深入挖掘办学历史和本土产业文化，因地制宜加以利用，把校园变成展示学校历史发展和本土特色产业变迁的"产业文化博物园"，设立如"乡贤文化走廊""诸暨特色网销产品体验中心""五金文化馆"等各类文化中心，举办"袜业小镇掠影"主题展览，同时将诸暨工匠代表故事悬挂于墙，让学生时刻感受工匠之魂，接受工匠精神的熏陶，坚定做强中国制造业的信心。

**2. 将工匠精神融入双创课程体系，让学生感知工匠之道**

工匠精神不是一种形而上的、虚无缥缈的内容，而是可以实体化的，是可以课程化的。将工匠精神融入双创课程，能够让学生感受到工业文化、产业特质，深刻认知专业内涵，对职业产生归属感，并将其转化为内在的创新动力，从而为岗位创新奠定良好的精神基础。

基于此，笔者学校重新调整了课程体系，面向全校学生，分年段开设融合工匠精神的创新创业通识教育课程，新增了以"先做人，后做事；先专注，后专业"为核心思想的工匠精神课程模块，将职业精神、职业认知、职业行为、职业素养等内容纳入这一模块中。在这个基础上开设工匠精神课程，不只是为了让学生感知工匠之道，而是更能明确地让学生了解未来岗位所要求的能力、素养，帮助学生树立良好的创新创业观和伦理规范意识。为了配合课程安排，笔者主编出版了中职教育规划新教材《职业生涯规划》，并组织其他专业教师编写了《就业指导与创业教育》《创业者之歌》等教材。

**3. 将工匠精神融入双创实践活动,促学生升级工匠之术**

工匠精神的培育,不仅依赖“第一课堂”,更需要在“第二、第三课堂”中让学生亲身体会和领悟。为了能够让工匠精神深入人心,学校在组织双创实践活动时,采取“创业计划——团队组建——课程培训——入园孵化”阶段递进的模式,在校企双导师带领下,组建创业团队,开设创业课程、设计培训体系,做到“机构、人员、场地、经费”四到位,对自主创业学生实行持续帮扶、全程指导、一站式服务。让学生在知行合一的实践体验活动中,切实感受到一名创新创业者所应具备的工匠精神,从而自发地做到“把每一个当下做到精致”,树立创业质量观。

2016 年 4 月,由周炯、慎缘琴、张烨、朱凤旦、王碧五位同学组建的“云块网络科技有限公司”创业团队在浙江省创新创业大赛中荣获省级二等奖。现今,周炯团队已开办了两家电商公司:杭州云块网络科技有限公司(萧山)、诸暨市云启电子商务有限公司。周炯个人年薪超过 60 万元,并被推荐参评本次的浙江省中职教育优秀毕业生项目。

学校“育才 1 号电商人才孵化器”被评为绍兴市级教学实训示范工场,“育才 1 号电商创业园”被评为绍兴市级创业基地,电子商务专业被浙江省教育厅评为省级中职品牌专业,学校被评为浙江省级中职学生创业教育基地。周生伟老师的课题《校企共建电商实训基地服务诸暨电商经济的实践构建》被列为浙江省人社厅重点研究课题,现已结题。

**4. 将工匠精神融入双创评价体系,全面优化工匠之行**

浙江省教育厅《关于加强培育中职学生核心素养的指导意见》中明确指出,要厚植匠心文化,形成“崇尚一技之长、不唯学历凭能力”的良好氛围。工匠精神是学生核心素养的重要内容,是评价学生的关键指标之一。笔者所在学校以专业为划分,结合行业特点和专业特性,分析本专业职业岗位应具备的职业精神,并将其融入专业双创活动的目标及考核之中。以电商专业为例，该专业就创造性地把“吃苦耐劳、朴实诚信、爱岗敬业、协同创新”的“小二精神”融入学生创新创业教育培养的全过程，并作为学生核心素养评价的主要指标，倒逼学生具备电商专业岗位的基本职业素质。

### 四、小结

以双创环境建设为纽带，融入匠心文化；以双创课程为基础，普及匠心文化；以双创实践活动为载体，浸润匠心文化；以双创评价体系为抓手，感悟匠心文化。笔者致力于把工匠精神的精髓与学校的双创课程与实践环节深度融合，并最终落到学生的职业素质和职业价值观培养上，着力弘扬精益求精的“大国工匠”精神。

（王铁江）

## 第四节　构建开放式职教英语课堂，培养学生自主发展能力

自主发展能力是学生的重要学习能力，对于促进学生学习兴趣和提升学生学习成效有着不可或缺的作用。为了更好地促进学生自主发展能力的提升，在职教英语课堂教学中，开放式课堂的构建就显得尤为必要。这不仅是践行新课改理念的需要，也是适应职教英语的重要体现。以下笔者主要从五个方面进行分析，以更好地促进学生自主发展能力的提升。

### 一、构建开放式的师生关系

学生是整个教学活动的主体，而教师在教学活动中占据着主导地位，学生的内在学习潜能巨大，通过适当的途径可以激发学生对学习的兴趣和积极性。人本主义心理学的研究表明：开发学生的学习潜能只有以理

解和信任为基础，才能确保学生潜能的充分开发。这就需要教师在日常的教学过程中努力培养自身和学生之间的信任感，并且针对不同层次水平的学生因材施教。例如，在提问时多使用“Would you please…?”“How can I…?”“Can you help me?”“May I…?”“Can you try again? I think you will better…?”等委婉的语气，这不仅仅可以让学生感受到被尊重，而且能够鼓励学生积极主动地交流学习，从而有助于构建一种开放式的师生关系，充分发挥学生的学习潜能。

## 二、构建开放式的语言环境

英语学科本身就是一门语言类科学，英语教学的最终目的应该是使学生能够灵活运用英语进行沟通交流，这就需要英语教师在课堂上为学生营造一种开放式的语言环境，切实培养学生的英语运用能力。

构建开放式的语言环境主要应该从以下两个方面入手：一方面，在课堂上构建开放式的语言环境，这就对英语教师的能力提出更高的要求，需要教师根据教材的内容，结合现有的教学条件开展情景式教学，利用实物、图件、简笔画、动作、语言和音乐等让教学过程更加生动形象。另一方面，在课外时间构建开放式语言环境，这主要是营造一种贴近生活的语言环境，充分利用学校的基础设施，定期开展与英语有关的活动。例如，自编英文小报、开设英语小广播台、定期向全校师生开放“英语角”以及成立英语社团等等。

## 三、构建开放式的教学内容

教学内容是整个英语课堂教学的中心，整个教学活动都必须围绕着教学内容展开。英语教师必须打破传统的教学思维，根据实际情况将教学内容以生动形象的方式呈现出来，避免出现照本宣科的现象。英语教师在备课的过程中必须充分考虑教学内容的呈现形式，制定相应的教学计划，以增强学生对英语课程的兴趣，激发学生自主学习的动力。在日常的教学过程中，教师还应该经常与学生沟通交流，及时发现学生不易掌握的知识点，对学生进行针对性的指导，让学生保持一种愉悦的心情去学习英语，提高整个英语课程的教学质量。

## 四、构建开放式的作业设计

课外作业是确保学生及时复习课堂内容，以达到巩固课堂知识点的重要教学环节，对学生掌握并熟练应用英语知识具有十分重要的意义。因此，在英语课程教学过程中应该大力提倡开放式的作业设计，以充分发挥课外作业的作用。教师在开放式作业设计过程中应该从以下几个方面着手。

第一，作业设计的内容应该体现素质教育的相关精神，并且应该充分考虑到学生差异化的特点，这就要求英语教师在作业的设计过程中根据学生知识掌握的程度不同，设计难度层次不同的作业内容。这不仅可以起到巩固知识的作用，而且能够进一步激发学生的潜能。开放式作业设计必须充分了解学生的实际情况。

第二，教师根据实际情况设计任务型作业。这主要是根据课堂教学的内容去寻找相似的案例，这样可以增加学生对英语课堂知识点的理解。例如，在 *Success* 课程之后，英语教师可以安排学生选择一个成功的案例，并且用英语表达出来，从而锻炼学生的语言表达能力。

第三，设计自主型作业形式。自主型作业设计需要学生具备一定水平的自主学习能力，这种作业设计形式具有显著的优势，那就是可以将学生从传统指令教学模式中解放出来，可以充分发挥学生的自主性，同时还可以培养学生的创造力。这正是素质教育的重要内容，例如，可以给学生布置制作英语贺卡、编排情景对话等自主型作业。

## 五、构建开放式的教学评价

教学评价在教学体系中发挥着重要的作用,为了不断提升英语课堂教学质量,应构建开放式的教学评价体系,并且坚持形成性评价和始终性评价二者统一的原则,这样就能够为构建开放式英语课堂打下基础。

**1. 构建开放式的评价内容**

英语课程教学内容的评价应该坚持开放性的特点,具体评估内容应该以学生为中心。例如,在英语课堂之中学生具体掌握了什么? 学生的知识和技能是否在英语课堂上得到了提高? 学生对英语是否产生了兴趣?

**2. 构建开放式的评价形式**

在开展教学评价的过程中必须坚持评价形式的多元化,这样可以极大地提高评价结果的科学性和合理性,进而极大地激发学生的学习兴趣和积极性,例如,开展小组互评和个人自评,可以更加全面地评价学生的真实水平。同时教师在学生最终成绩的评价过程中避免单纯依靠考试量化结果,必须根据实际情况制定多元化的教学评价机制。不仅应该关注结果,还应该关注学生在英语课堂上的学习情况,坚持使用过程性评价和结果性评价相结合的评价模式,对学生日常的课堂参与度、互动能力、努力程度、合作意识、创新思维以及学习兴趣等指标进行综合考量,充分考虑学生的个体差异,以提高教学评价的合理性和科学性。

## 六、结语

综上所述,中职课堂是培育中等职业技术人才的摇篮。为了培育更多的中职人才,在教学过程中,教师只有构建开放式的教学课堂,才能更好地激发学生的学习兴趣,提高学生的自主发展能力,使其在爱好英语的同时将英语广泛地运用到实际生活当中。

（黄梅文）

## 第五节　对中职学生职业意识培养的策略研究

据统计，中职招生占高中阶段教育招生总数的48.89%，中职生中的绝大多数毕业后将直接跨入社会，他们的职业意识状况如何，直接影响到企业的效益，关系到社会的整体发展面貌。因此，中职学生职业意识培养面临严峻挑战。笔者针对当前中职学生职业意识现状，就职业意识的构成要素谈谈如何对学生进行职业意识培养。

### 一、职业意识内涵

职业意识是人们对职业劳动的认识、评价、情感和态度等心理成分的综合反映，是支配和调控全部职业行为和职业活动的调节器，它包括责任意识、竞争意识、协作意识和奉献意识等方面。在老师的积极引导和帮助下，学生在实践过程中可以切身体会到职业意识的重要性并形成良好的职业意识。学生职业意识的养成反过来可以促进学生专业实践能力的进一步提高，二者是可以相互促进的。

### 二、中职学生职业意识现状分析

#### （一）生源总体素质不高

当前社会与家长的观念基本上都是普高上不了，迫于无奈选择中职学校，而中职学校为追求生源，设置门槛较低，入学容易，导致中职学校生源素质普遍不高。其中一部分是思想品德和学习表现比较落后或自身缺点较多的后进生。他们在入学不久,便暴露出各种各样的问题,如组织纪律观念淡薄、经常迟到、早退;由于学习基础差,上课听不懂,作业不会做,学习毫无兴趣,以致产生厌学情绪;言谈举止不文明,沾染不良习气,时常出入游戏机房、营业性卡拉OK厅、舞厅;喜欢看不健康的书刊、录像,常和社会上不良青年混在一起吸烟喝酒,甚至打架斗殴,等等。

### (二)缺乏自信,职业意识薄弱

中等职业学校学生多是初中阶段的"弱势群体",被教师、同学视为"低能儿""调皮捣蛋鬼""坏学生"。这些学生不仅厌学心理重、行为习惯差,而且缺乏自信。失去自信带来的后果是做任何事都缺乏激情、没有动力,长此以往,不说理论知识学不进去,技能教育也难以奏效。现在中职学校一般采取军事化管理、保姆式教育方式,导致学生养成了被动学习、被动接受式的"被看着"的习惯,其自我控制能力、明辨是非能力及自学能力十分有限。工作后怕苦怕累,遇到困难,只想退缩,责任意识较差;缺乏锻炼,创新意识较差;遇事只想自身利益,团队协作意识较差。由此可见,中职学生职业素质的培养亟待加强。

## 三、中职学生职业意识培养的策略建议

### (一)"家族本位制"——培养学生主人翁意识

在班级管理中,笔者把卡耐基"家族本位制"的管理理念渗透班级管理,借鉴卡耐基的"家族本位制"的管理理念,把班级当成一个家族,倡导学生彼此关心、彼此鼓励,在一种和谐温馨的环境中,把实现各自的理想

化为一致的目标而共同奋斗，从而着力培养学生主人翁意识。例如，运用“家族”的观念协调个人目标和集体目标。企业首要的目标是实现整体的繁荣发展，而不是个人愿望的满足，把自己同集体紧密联系，对企业的命运和利益，如同对待家族兴衰，大家团结一致才有凝聚力。班级管理也是一样，师生共同确定班级总体目标，然后转化为小组目标和个人目标，使其与班级总体目标融为一体，形成目标体系。

### （二）职业装——培养学生职业形象意识

中职学校从新生入学开始，就应让学生明确自己具有“学生”“企业员工”的双重身份。为尽快让学生实现由中学生向中职学生的转变、向一个职业人转变，学校对不同专业的学生配制不同的职业装，在对学生进行专业知识传授的同时加强专业技术教育，并组织学生到相应的行业和企业实习，提升学生的形象和气质，强化学生的职业意识。

### （三）学习礼仪——培养学生尊重意识

尊重，如一缕春风、一泓清泉，它能够催人奋进，成为密切人际关系的黏合剂。企业在对我们输送学生的评价中，除了认为技术、技能、经验不足之外，更多的是觉得学生自以为是、不懂人情世故、吃不了苦、受不住企业严格的规章制度的管理。因此，在教学中，教师对学生讲授日常礼仪规范也是强化学生职业意识的关键。

#### 1. 常用七字礼貌用语

不分场合、话里带刺、常说脏话粗话是中职学生语言的基本特点。为培养良好的语言习惯，教师在日常生活中应引导学生使用礼貌用语，如“您好、请、谢谢、对不起、再见”，慢慢使学生养成习惯，碰到人能说“您好”而不是“喂”，有矛盾能说“对不起”而不是“要死啊”等。实践证明，常用礼貌用语可以避免学生之间产生口角和肢体冲突。

**2. 坐、立、行必有规**

“站如松、坐如钟、行如风”是对立、坐、行的典型表述，而中职学校的学生为标榜个性，站无站相，坐无坐相，走起路来更是张牙舞爪，如在学校升旗仪式的时候，总是有很多学生保持松垮的站姿，甚至手插着口袋或双臂抱在胸前。笔者在所带班级里就进行了专门的礼仪训练，要求学生每天贴墙壁站 5 分钟，顶书本站 5 分钟，走直步 5 分钟，并强调礼仪训练能提升自身气质，改变驼背、脊柱侧弯等现象，并在学校举行大型活动时予以检验。一开始学生兴趣很大，尤其是女生，但一段时间后大家又松懈下来，所以教师需在学生养成习惯前不断予以刺激，如榜样示范、精神奖励等。

**3. 学会体谅他人**

中职生常有因一句话而打架的情况；因父母不能满足自己的要求而责怪父母、甚至离家出走的情况；因心情不好而顶撞教师的情况等，原因在于大家普遍都以自我为中心，很少设身处地从对方角度去考虑问题，很少体谅他人。在“家族本位制”教育理念的引导下，笔者在班级开展系列活动，如“猜猜是谁帮了你?”主题活动，要求每个学生在暗地里帮七个同学做好事，等一周后谜底揭开时让同学谈谈自己在帮助他人与接受他人帮助时的感受，从而引导学生能多从他人角度出发考虑事情，能多体谅他人。

**4. 肯定优点——培养学生自信意识**

对中职学生自信心培养，除了需要教师充分尊重和关爱学生之外，还要教师将对学生自信心的培养渗透到技能教育中去。学生进入中等职业学校后，不管过去谁好谁差，在技能学习上，大家都是从零开始，而且这是初中阶段不曾有、也不能类比的崭新的东西。专业教师要适时地带领大家举办一些技能小竞赛，通过崭新的活动告诉他们，虽然他们文化课成绩不理想，但动手能力都很强，只要大家好好学习，将来一定会闯出一条属于他们自己的成功之路来。

**5. 班级活动——培养学生的协作意识**

班主任经常开展有益的班级活动(如各种竞赛活动)对培养学生的协作意识有很大帮助。联想集团的创始人柳传志先生说过这样一句话，"要任用会执行和具有协作精神的人"。如果我们的学生在校期间，不能认真执行学校交给的任务，不能团结协作，到了企业就不能完成企业交给他们的任务，随之而来的就是被企业淘汰。协作意识是学生未来发展、适应社会、立足社会的不可或缺的重要素质。

总之，对于职业学校的学生，具有良好的职业意识是很关键的，学生只有具备了职业意识，才能提高学习的动力；有了学习的动力，才能有职业行为；有了职业行为，才能培养职业能力；有了职业能力，才能成为合格的职业人。当然，对中职学生职业意识培养的方法还有很多，希望通过我们的努力，帮助中职生以强烈的职业意识、良好的职业素养走向社会，迅速适应工作岗位，充分实现自己的人生价值。

(赵飞霞)

## 第六节　技工学校学生职业生涯规划

对技工学校的学生开展职业生涯规划教育是非常重要的事，这需要做到以实践作为根本着眼点，立足于实际解决问题。在对技校的学生进行职业规划和教育的过程中，存在着许许多多的问题，需要处理好。要引导学生进行职业生涯规划，使学生树立正确的人生观和价值观，让学生自身有清晰合理的目标和充实的工作与生活。

## 一、职业生涯规划

关于职业生涯的规划，不同的人有着不同的认识。诺斯威尔认为，职业生涯规划是结合自身情况以及眼前的制约因素，为自己实现职业目标而确定行动方向、行动时间和行动方案。赵英兰认为，职业生涯规划就是个人根据自身的现实条件与发展潜力、外界机遇与制约因素以及对机遇与制约因素发展变化的预测，确立自己的职业方向、职业目标，选择职业生涯发展道路，制定发展计划、学习计划，以及实现职业生涯目标的具体行动方案，包括一些具体的策略和进程。蒋乃平认为，职业生涯规划是指个人对自己职业发展道路的设想和谋划，是对个人职业前途的瞻望，是实现职业理想的前提。本文认为，职业生涯规划要求一个人把个人未来的发展和组织的发展结合起来，并且对决定自己未来的职业生涯的因素进行分析，避免不利的因素，可以对未来的事业和发展进行周密的计划和安排。这个规划对于落实职业理想来说是非常重要的。

## 二、技工学校的学生对职业生涯规划的看法

一些技工学校的学生对职业生涯规划的认识比较模糊，并且缺乏比较理性的计划与思考，因而需要树立明确的职业发展理念和职业理想。笔者对本校学生进行调查后发现，有一部分学生对职业规划存在片面的认识，他们认为职业生涯规划的成功就是可以赚到很多的钱。有一部分学生还没有对自己的人生进行职业规划，他们并没有认识到职业生涯规划的重要性，认为未来的路该怎么走就怎么走，没有必要进行规划。还有一部分学生认为，在校期间进行职业规划是没有必要的，对职业规划的概念比较模糊，并且对自身的发展缺乏一定的理性思考。对技工学校的学生来说，他们即将步入工作岗位，并且面临角色的转换。这些学生对未来

的工作充满希望却没有好好地进行规划和设计，职业生涯规划意识的欠缺会对学生以后的发展产生一些消极的影响。

## 三、技工学校的学生开展职业生涯规划的建议

**1. 加强技工学校学生的职业思想教育，树立明确的职业目标**

对即将步入社会的人来说，职业理想是他们所向往和追求的，也是一个人职业发展的动力。职业生涯规划对技工学校的学生来说是非常重要的，决定了他们职业生涯的第一步，所以他们首先要树立正确的职业理想。只有理想贴近现实，才可以把规划变成现实，不切实际的理想永远飘在空中。

**2. 加强技工学校学生的职业期望教育**

所谓的"职业期望"是指学生对将要从事的职业的一种预期，通过这个预期学生可以选择自己想要从事的职业。职业期望是学生价值观和世界观的一种反映。学生总是不断地接触新鲜的事物，对职业的认识也在不断地发展，逐渐认识到以前职业规划的不足之处，并且不断地调整，不断地提高和完善自己，不断地发挥自己的潜力，进而符合预期的职业期望。

**3. 加强技工学校学生的职业道德教育，培养学生适应社会的能力**

职业道德是所有从事工作的人必须遵守的行为规范的总和。一个可以把自己的工作完成得非常出色的人一定是具有良好职业道德的。对一些企业来说，员工的素质越高，企业的未来发展也就越好。很多案例已经证明，员工具有良好的职业道德可以使这个企业的品牌信誉得到有效的提升。技工学校的学生一定要培养自己吃苦耐劳、艰苦朴素的精神，不要只把眼光放在高收入、高福利、高待遇上，要从身边的小事做起，逐渐培养自身的职业道德。

## 四、结语

职业生涯对学生的未来发展是非常重要的，中职学生要不断地了解自身的长处和短处，结合自身的实际情况为未来的发展制定一个合理的计划，并且不断地调整好自己的心态，做好适应社会、融入社会的准备。从学校来看，一定要把职业生涯的规划教育渗透到学校的各个教学环节当中去，这样可以使技工学校的教育更能贴近社会和生活，调动学生参与各项活动的积极性，为学校赢得良好的社会声誉。

（邵祖敏）

## 附录

# “中职生自我展示能力培养的研究与实践”研究报告综述

2007年，中职生自我展示能力的培养逐渐受到教育者的关注。对照国家和社会对中职生培养目标的要求与相当一部分中职生自我展示能力的现状，我们于2007年开始实施“中职生自我展示能力培养的研究与实践”课题的研究，通过资料收集、文献研究，确定了研究目标，设置了主要研究内容和技术路线，并以本校2007至2010级四个年级的学生为对象进行系统研究。

在课题研究过程中，我们欣喜地看到了学生的变化。

一方面，学生的精神面貌大为改观，原来自卑自怜、自暴自弃的学生绝大部分变得自信阳光、充满活力。

**表1　实验(有效干预)前后“你自卑吗?”问卷调查结果对照**

| 状态 | 充满自信(%) | | 基本自信(%) | | 比较自卑(%) | | 很自卑(%) | |
|---|---|---|---|---|---|---|---|---|
| 年级 | 前测 | 后测 | 前测 | 后测 | 前测 | 后测 | 前测 | 后侧 |
| 2007级 | 9.1 | 42.2 | 10.8 | 37.6 | 31.5 | 9.7 | 48.6 | 10.5 |
| 2008级 | 8.9 | 44.5 | 10.3 | 37.1 | 32.7 | 8.5 | 48.1 | 9.9 |
| 2009级 | 7.5 | 47.3 | 11.2 | 36.6 | 36.4 | 7.9 | 44.9 | 8.2 |

由上表可以看出:第一,通过有效干预,学生的心理素质、精神面貌发生了显著变化,绝大部分学生走出自卑,变得充满自信、充满活力。第二,同样是两年一轮的实验周期,我们惊喜地发现,第二轮实验(2008级学生)的效果优于第一轮(2007级学生),第三轮实验(2009级学生)的效果又明显优于第二轮(2008级学生)。

**表2 实验(有效干预)一年后“你自卑吗?”问卷调查对2010级学生测量对照**

| 状态 | 充满自信(%) | | 基本自信(%) | | 比较自卑(%) | | 很自卑(%) | |
|---|---|---|---|---|---|---|---|---|
| 年级 | 前测 | 中期测试 | 前测 | 中期测试 | 前测 | 中期测试 | 前测 | 中期测试 |
| 2010级 | 8.2 | 25.9 | 9.5 | 36.3 | 38.9 | 12.2 | 51.4 | 25.6 |

由上表可以看出:经过一年的有效干预,2010级学生的精神面貌已经发生较大的变化,严重自卑学生的比率由入学时的51.4%降为25.6%,充满自信学生的比率由入学时的8.2%增加到25.9%。

另一方面,学生的展示意识大大增强,变得敢于并且乐于在人前展示。

**表3 实验(有效干预)前后“测一下,你的自我展示意识如何”问卷调查结果对照**

| 状态 | 很差(%) | | 较差(%) | | 一般(%) | | 较强(%) | | 很强(%) | |
|---|---|---|---|---|---|---|---|---|---|---|
| 年级 | 前测 | 后测 | 前测 | 后测 | 前测 | 后测 | 前测 | 后侧 | 前测 | 后侧 |
| 2007级 | 41.9 | 11.5 | 30.2 | 8.7 | 12.3 | 13.5 | 10.7 | 38.5 | 4.9 | 27.8 |
| 2008级 | 34.6 | 10.3 | 36.6 | 7.4 | 15.4 | 13.0 | 9.1 | 40.0 | 4.3 | 29.3 |
| 2009级 | 37.3 | 9.8 | 31.0 | 7.5 | 17.5 | 11.9 | 10.3 | 40.7 | 3.9 | 30.1 |

由上表可以看出:第一,通过有效干预,学生的心理适应能力明显增强,绝大部分学生都已经具有较强或很强的自我展示意识。第二,同样是两年一轮的实验周期,我们惊喜地发现,第二轮实验(2008级学生)的实验效果优于第一轮(2007级学生),第三轮实验(2009级学生)的实验效果又明显优于第二轮(2008级学生)。

**表 4 实验(有效干预)1 年后"测一下,你的自我展示意识如何"问卷调查结果对照**

| 状态 | 很差(%) | | 较差(%) | | 一般(%) | | 较强(%) | | 很强(%) | |
|---|---|---|---|---|---|---|---|---|---|---|
| 年级 | 前测 | 后测 | 前测 | 后测 | 前测 | 后测 | 前测 | 后侧 | 前测 | 后侧 |
| 2010 级 | 41.5 | 24.9 | 29.9 | 17.7 | 14.7 | 25.3 | 10.1 | 19.5 | 3.8 | 12.6 |

由上表可以看出,经过一年干预,2010 级学生的精神面貌发生了较大的变化,自我展示意识很差学生的比率由入学时的 41.5%降为 24.9 %,展示意识很强的学生的比率由入学时的 3.8%增加到 12.6%。

这种变化让我们看到了自我展示的力量,此后我们进一步探讨中职生自我展示能力培养的路径与策略,并最终确定了本书的书名为《自我展示的力量:让世界看见你》。

2013 年,该课题结题。在此基础上,我们初步明确了编写《自我展示的力量:让世界看见你》的设想,并开始了为期五年的材料梳理、理论研究与实践探索工作。在这五年中,我们再次面向学生进行了一次问卷调查。问卷设计了五个问题,根据学生的回答,整理如下:

在"你认为培养中职生自我展示能力有无必要"这个问题上,80%到 85%的同学认为"非常必要",15%~20%的同学认为"必要"。许多同学说,培养学生的自我展示能力符合当今社会发展的实际,符合市场经济对人才的需求,那些简单化的德育管理模式早就过时了。

对"你觉得在诸暨技师学院的在校时间里,自身收获如何"这个问题,67%到 78%的同学认为收获非常大,22%~33%的同学认为收获较大。许多同学认为,在诸暨技师学院的这几年是他们读书以来最快乐、最有成就感的时光,他们在这里学会了学习,学会了做人,学会了生存,学会了共同生活。

如小 A 说:"从小学到初中,我都是在老师的批评声中长大的,久而久之,便形成了典型的双重人格,在同学面前有说有笑,有吵有闹,但只要远远看到老师的影子，我就变得悄无声息，像挨批斗似的。诸暨技师学院老师的真诚关爱和悉心辅导，让我找回了失落的自我，让我重新拾起往日的自信与豪情，让我懂得怎样做一个真正的人、一个大写的人了。”

小 B 说：“我很幸运，在填报志愿时选择了诸暨技师学院。记得进入高中不久，我就因极度的失落与自卑而惶惶不可终日，发展到后来，连正常的学习生活都无法保证。无奈之下，父母决定让我休学去绍兴某医院诊治。班主任黄老师的一句‘让我试试吧，我也是心理医生呢！’打消了我辍学的念头，在她的关心、鼓励和开导下，往日自闭、愁苦、焦虑的我渐渐变得乐观、开朗和自信。黄老师的耐心辅导，使我免遭辍学的痛苦，使我能够以良好的素质和健康的心态从容步入职场。”

从问卷调查的情况看，整体上，学生对学校实施自我展示能力培养这一课题研究持极为肯定的态度。自我展示能力的培养使他们的人格得以健全，个性得以优化，综合素质有了全面的提高。

与此同时，我们还对任课教师进行了调研。任课老师普遍认为，经过自我展示能力的培养，学生的各种人格素质得到不同程度的提高，学习态度、学习方法、学习能力和学习自信心都有明显的改善，组织能力、沟通能力和协调能力等综合素养都得到明显的提升。如小 C，原来上课总是无精打采的，做什么事情都是一副“事不关己，高高挂起”的样子，经干预后，他不仅改掉了上课爱走神、爱打瞌睡的毛病，参与意识也强多了。而小 D，原来破罐子破摔，“反正没指望了”，所以做什么事情都提不起兴致，自暴自弃心理相当严重。培养过程中，老师对他进行了人生观、世界观教育和学习自信心的重塑，他主人翁意识增强了，自卑的情绪也不见了，各项活动也都争着参加了。

专业老师：“带了那么多届毕业班学生，觉得这几年所带的学生最满意。为什么呢？因为自学校开展学生自我展示能力培养实践活动以来，发现学生的精神面貌较以往有明显的不同，他们自尊自爱、自信自强，进取性和创造性也较以前强多了。尤其是在实习车间,我们高兴地看到,这些学生特别能吃苦,特别有志气,特别肯钻研。”

英语老师:“以前课堂提问时,被叫到的学生总是被动地、木然地站在那里,对你的问题不闻不问。不知什么时候开始,这些学生变得积极主动了,即便一时回答不上来,也能礼貌地说声‘sorry’。”

语文老师:“有一次上曹禺先生的《雷雨》,我让学生们仔细通读后,准备叫几个学生分角色朗读。当时想,叫哪几位好呢?我还在犹豫时,已经看到好几位同学争着站起来,‘我演周朴园’‘我演鲁侍萍’……好不踊跃!陈州、李玮峰、娄正伟等同学一边满怀激情地对话,一边有模有样地比划起来。这令我感慨万分。”

而家长则更是为学生自我展示能力培养的实践活动“点赞”。

家长甲:“我们的儿子脾气很古怪,见了人爱理不理,一副‘欠他多,还他少’的样子,假期里,除了在家看看电视、做做作业外,从不轻易踏出家门一步,也不与人交往。这样的个性,将来怎样去面对社会?说句老实话,我们对此很揪心。可自从进入诸暨技师学院后,我们发现,孩子渐渐地变了,变得大胆,变得热情了,原先绷紧的脸开始有了笑容,碰到熟人、客人,开始主动地打招呼了。真该感谢诸暨技师学院的领导和老师。”

家长乙:“好像是在儿子升入初中后吧,他跟我们的距离渐渐拉远了,有什么事不肯告诉我们,我们关心他,多问他几声,他就嫌烦,嫌唠叨。自从进入诸暨技师学院后,孩子的态度开始慢慢好转,放假回来,不仅主动跟我们谈起学校、班级和自己学习上的事情,还时不时地问起我们的工作和生活情况,这在以前可是从来没有过的事。”

# 后 记

记得有位哲人说过:"当你走入失败者人群的时候,你会发现,他们之所以失败,就是因为他们从来不曾走进足以令人兴奋的、鼓励人前进的环境。"这就是说,如果让失败者置身于一种积极向上的情感生活中,他们也是会前进的。在平时的教育过程中,我们要想方设法为困难学生创设鼓励他们前进的环境,精心为他们搭建成长的舞台,让每一个学生蕴藏着的聪明才智得到充分的发挥,让每一个学生埋藏在心底的求上进的火花熊熊燃烧。天生我才必有用。物有所适,人有所位,每个人都该有自己人生的精彩。培养学生自我展示能力的实践研究恰好体现了这一理念。因此,我们于 2018 年成立图书编写委员会,并完成初稿,本书由王铁江策划、设计提纲并主持编写工作,黄飞宙、吴东亮负责提纲撰写及统稿工作,陈震宇、俞杭明、何才兰、徐振宇、俞汉忠、寿晓峰负责各章节内容的编写。

从本书编写伊始,我们的目标就十分明确:《自我展示的力量:让世界看见你》不仅是一部对学校开展学生自我展示能力过程的回顾史,而且是一本呈现广大中职生自我展示能力培养理念和策略的图书,是可以对兄弟学校有所借鉴意义的图书。

最后,借本书出版之际,再次感谢课题组成员对本书内容所作的搜集与整理工作。同时,也衷心感谢在本书编辑出版过程中给予帮助和支持的《职业》杂志编辑部。

王铁江

**2018 年 8 月 16 日**